rororo aktuell Essay
Herausgegeben von
Rüdiger Dammann und Frank Strickstrock
Begründet von Freimut Duve

PÉTER NÁDAS
RICHARD SWARTZ

Zwiesprache

Vier Tage im Jahr 1989

Deutsch von Christina Viragh

rororo
Rowohlt

Deutsche Erstausgabe

Veröffentlicht im Rowohlt Taschenbuch Verlag GmbH,
Reinbek bei Hamburg, März 1994

Die ungarische Ausgabe erschien 1992 unter dem Titel
Párbeszéd bei Jelenkor Könyvkiadó

Umschlaggestaltung Büro Hamburg Jürgen Kaffer/
Peter Wippermann (Foto Péter Nádas: Isolde Ohlbaum/
Foto Richard Swartz: Leif R. Jansson)
Satz Baskerville (Linotronic 500)
Gesamtherstellung Clausen & Bosse, Leck
Printed in Germany
1800-ISBN 3 499 13277 x

Vorbemerkung von Péter Nádas

Richard ist mein Freund. Ich kenne ihn seit achtzehn Jahren, und seither sind wir leidenschaftliche Gesprächspartner. Als ich ihm vor langer Zeit einmal vorschlug, unsere Gespräche festzuhalten, schaute er mich befremdet an, als hätte ich etwas Unanständiges gesagt. Das verstand ich nicht. Jahre später schlug er dann das gleiche vor, und da begegnete er meinem verständnislosen Blick. Im denkwürdigen Frühling des Jahres neunzehnhundertneunundachtzig hatten wir beide schließlich das Gefühl, daß wir morgen vielleicht weder in diesem noch im anderen Teil der Welt die gleichen sein werden, die wir gestern waren, und daß wir also doch festhalten sollten, wie verschiedenartig wir mit gleichen Begriffen über ein und dieselbe Welt nachdachten. So ist unsere *Zwiesprache* entstanden.

P. N.

Vorbemerkung von Richard Swartz

Der Ursprung dieser *Zwiesprache* liegt angeblich mehr als zehn Jahre zurück. Kann das wirklich sein? Péter behauptet es; also wird es stimmen. Wahrscheinlich lag ich bereits wieder einmal auf seiner Chaiselongue, in dem Hemd, das ich mir nach alter Gewohnheit bei ihm ausborgte, und habe nur hinter halbgeschlossenen Lidern mitbekommen, wie er auf mich einredete.

Es vergingen etliche Jahre, und ich blieb skeptisch. Etwas davon zu Papier bringen? Damit andere sich an unserem Gespräch beteiligen könnten? Doch das Allgemeine unserer Diskussionen schien mir allzu allgemein, das Private allzu privat zu sein. Eine Veröffentlichung wäre mir sowohl als Zumutung wie als Indiskretion vorgekommen.

Dann hat sich unsere Epoche klopfend an der Tür gemeldet: Draußen hatte alles zu schwanken angefangen, und was nun draußen, was drinnen sei, war nicht mehr so eindeutig. Auch die Grenze zwischen Allgemeinem und Privatem schien mir nicht länger so deutlich gestochen wie früher. So gab ich meine Skepsis auf. Es ging mir jetzt um anderes: darum, etwas festzuhalten, sich selbst an etwas festzuhalten.

R. S.

Erster Tag

Ich nehme an, du möchtest zunächst etwas über die allgemeinen Bedingungen des Gesprächs sagen.

Wir haben gesagt, daß keiner von uns sich benehmen soll, als wäre er ein Journalist, der Fragen stellt. Etwas möchte ich trotzdem gleich fragen. Seit wann kennen wir uns? Weißt du es? Ich habe vergeblich nachgedacht; ich kann es nicht mit einer Jahreszahl verknüpfen.

Wir kennen uns seit April neunzehnhundertvierundsiebzig.

Bist du da sicher? Wie viele Jahre sind es dann? Wären das fünfzehn? Ja, dann sind es genau fünfzehn Jahre. Also, in diesen fünfzehn Jahren habe ich beobachten können, daß du ein merkwürdiges Leben führst. Seit wann lebst du nicht mehr in Schweden?

Denkst du, daß du mich jetzt ausquetschen kannst?

Das denke ich nicht, sondern ich frage.

Na gut, frage. Ich antworte, aber dann nehme ich dich dran. Ich lebe ungefähr seit sechsundsiebzig nicht mehr in Schweden. Ich fahre nur auf kurze Besuche dorthin, die allerdings immer länger werden.

Immer länger?

Ja, weil ich finde... Es klingt vielleicht banal, aber ich bin jetzt so weit – man kann nie etwas anderes werden, als man ist. Ich bin Schwede, ein anderer ist Ungar oder Pole. Wenn man weggeht, geht man vielleicht ebendarum weg. Vielleicht nicht gerade, weil man etwas anderes sein möchte, das ist unmöglich, aber doch wohl deshalb, weil einem nicht genügt, was man ist. Oder weil man damit unzufrieden ist.

Womit warst du unzufrieden?

Womit bestimmt alle Bewohner von Randgebieten Europas unzufrieden sind: mit dem Provinzialismus, damit, daß sie nicht im Zentrum sind. Sie ahnen vielleicht, daß ihnen etwas fehlt, daß sie etwas nicht zur Verfügung haben, das doch zu ihrer Identität gehört.

Glaubst du, oder hast du geglaubt, es müsse irgendwo so etwas wie ein geographisches Zentrum geben?

Ich habe wohl kaum annehmen können, daß es so etwas gäbe, aber ich mußte mich doch vergewissern, daß es das tatsächlich nicht gibt. Nein, das klingt nicht richtig. Damals konnte ich nicht wissen, ob es existiert, und ich konnte auch nicht wissen, daß es nicht existiert. Ich habe allenfalls danach gesucht, aber ich spreche nicht von Geographie.

Aber was hast du gesucht? Genau danach frage ich.

Ich habe gesucht, ob es etwas anderes und was es außer dem spezifisch Schwedischen gibt.

Du konntest am Schwedischen nicht hängen, weil du nun einmal nichts anderes kanntest.

Das sage ich ja. Mit der Zeit habe ich aber herausgefunden, daß man... auch deine eigenen Umrisse kannst du nur wahrnehmen, wenn du von dir selbst beziehungsweise von deinen Existenzbedingungen Distanz genommen hast. Auf diese Art bin ich dann zu der Feststellung gelangt, genauer, in die Nähe der Feststellung, daß meine Existenz schließlich auf nichts anderem beruht als auf meinem Schwedentum.

Kannst du mir also sagen, was es heißt, Schwede zu sein?

Diese Frage reizt mich nicht. Es geht mir nicht darum, zu benennen, was das wäre.

Du sagst, in letzter Zeit würden deine Besuche länger und länger. Siehst du keinen Widerspruch darin, daß du trotzdem immer wieder nach Wien zurückkehrst?

Dieser Widerspruch interessiert mich allein deswegen nicht besonders, weil ich zu meinem Schwedentum in ein gelasseneres Verhältnis gelangt bin. Ich habe zur Kenntnis genommen, was das Schwedische ist. Was ich früher für nicht so selbstverständlich hielt und deshalb auch nicht so weitgehend akzeptieren konnte. Ich war neugierig auf anderes, und danach suchte ich. Möglicherweise hatte ich auch Komplexe in bezug auf Dinge und Phänomene, die es in Wirklichkeit gar nicht gab und nicht gibt. Aber ich nehme an, daß das bei einem Ungarn auf ähnliche Art ablaufen muß. Auch ein Ungar kämpft sicher mit ähnlichen Sorgen. Diese Ränder Europas können einen hervorragenden Dichter zu den Ihren zählen, nämlich Witold Gombrowicz. Er hat sich ja damit herumgeplagt, mit dieser Problematik, die sich vor allem bei den Polen so stark bemerkbar macht: Zentrum und Peripherie, barbarisch und europäisch, aristokratisch und plebejisch, ländlich und großstädtisch. In der Tat ist sie wohl allen kleinen europäischen Kulturen eigen.

Dann stelle ich dir auf andere Art eine Falle: Warum wurdest du nicht Berichterstatter in London, Bonn oder eben in Paris?

Das weiß ich nicht.

Genauer gesagt, du wolltest ja nach Bonn gehen, nur bist du dann nicht gegangen. Später bist du nach Paris gegangen und doch nach ein paar Monaten nach Wien zurückgekehrt. Zur Erklärung schriebst du mir auf einer Karte, selbst die französische Küche sei unerträglich. Darüber habe ich mich nicht schlecht amüsiert. Und daß du nicht verstündest, warum du in einem Pariser Café herumsitzen und nachlesen solltest, was in Bukarest, Prag oder Budapest geschieht, wenn du doch dir selbst an Ort und Stelle ein Bild davon machen kannst. Man könnte sagen, du bist nach Wien zurückgekehrt wie einer, der flieht.

Ja, ja, das stimmt.

Dann frage ich aber noch einmal, ob es so etwas wie ein Zentrum gibt oder ob Zentren nur im Geist existieren und es also völlig egal ist, wo ich mich geographisch eben befinde.

Letztlich ist es vollkommen egal. Und sollte es doch nicht ganz egal sein, so müßte man vielleicht sagen, der Weg ist das Ziel. Man braucht diesen Weg, und dieser Einsicht muß man sich beugen. In meinem Fall hat das möglicherweise zu lange gedauert. Bei anderen dauert es vielleicht nicht so lange. Manchmal habe ich über dich nachgedacht.

Über mich? Warum?

Weil mich der Gedanke beschäftigte, daß unter den Intellektuellen in den Randgebieten Europas, das heißt denen, die zu diesen kleinen Völkern und Kulturgebieten gehören, viele ähnliche Probleme haben. Zentrum und Peripherie. Wie soll ich mich über den Abfallhaufen meiner eigenen Provinzialität erheben? Das ist eine Phase der intellektuellen Entwicklung. Ich habe mir vorgestellt, daß auch du einen solchen Weg hinter dir hast.

Nein, in meinem Fall sieht die Sache anders aus. Und auch in deinem Fall, davon bin ich überzeugt. Aber du hast meine Frage nicht beantwortet, vielmehr, bist ihr ausgewichen. Oder ich habe sie schlecht gestellt. Waren meine Fragen nicht konkret genug? Wie alt warst du, als du aus Schweden weggingst?

Als ich in Prag zu studieren anfing, war ich vierundzwanzig.

Vierundzwanzig? Also neunzehnhundertsiebzig. Hattest du dein Studium in Stockholm abgeschlossen?

Ja.

Wie bist du zu dem Entschluß gekommen, nach Prag zu gehen? Wie bist du überhaupt zu dem Entschluß gekommen, diese Weltgegend zu wählen?

Ich glaube, im Grunde aus politischer Neugier, obwohl ich tatsächlich nicht recht weiß, wie und warum. Wahrscheinlich führte mich eine Art journalistisches Interesse. Kommunismus und Sozialismus interessierten mich, diese demiurgischen Zwillingsbrüder, die so viele verführt haben; die intellektuelle Atmosphäre Ende der sechziger Jahre hat dieses Interesse bestimmt verstärkt. So bin ich nach Prag gegangen. Ich wollte erfahren, was das ist, worüber ich mich auslasse, ohne die Sache im wesentlichen zu kennen. Es war kein Fleisch daran. Ich glaube, das war die Motivation.

Gewiß war das der eine Grund.

Du bist unzufrieden. Du bist wie ein Inquisitor.

Nein, ich bin nicht unzufrieden, sondern ich denke, daß man immer mehrere Beweggründe gleichzeitig hat. Die inneren sind die interessanteren. Wenn wir von deinem persönlichen Entschluß sprechen, dann zeigt deine politische Motivation nur die Oberfläche der Sache an. Die politische Motivation muß eher Folge von etwas sein und nicht der Ursprung. Und wenn ich das nicht herausfinde, wenn du keine anderen oder tieferen Motivationen hast, dann funktioniert die politische auch nicht. Ich denke, daß du dich in Schweden aus irgendeinem Grund anders gefühlt hast als all die, die dort blieben. Es ist doch außergewöhnlich, daß jemand seine Heimat für so lange Zeit verläßt. Mich interessieren die Motivationen, mittels deren wir dieses Außergewöhnliche benennen könnten. Es würde mich zum Beispiel interessieren, ob du früher, etwa mit deiner Familie oder auch allein, große Reisen unternommen hast.

Nein, das habe ich nicht. Allerdings war ich längere Zeit in Deutschland, in der Bundesrepublik, aber das gehörte sozusagen zur bürgerlichen Erziehung. Der Sohn einer gutbürgerlichen Familie wird fortgeschickt, damit er eine fremde Sprache lernt, in diesem Fall also Deutsch. Ich war noch als Gymnasiast bei Verwandten in Bonn, später, kurz nach dem Abitur, wurde ich Praktikant in einer Frankfurter Bank, wo einer meiner Onkel Direktor war. Insgesamt verbrachte ich etwa ein halbes Jahr da. Doch ich bin andererseits gar nicht so sicher, daß ein so langes Wegbleiben etwas sehr Außergewöhnliches ist; zum Teil gehört das zum modernen Leben. Und in diesem Sinn fallen die persönlichen Motive, hinter denen du her bist, ganz einfach weg. Diese Variante der Mobilität verlangt nicht nach einer starken persönlichen Motivation.

Zu Beginn unseres Gesprächs hast du doch aber die Unzufriedenheit als Motivation bezeichnet.

Vielleicht war das dumm. Von Unzufriedenheit kann nicht die Rede sein. Vielmehr müßte man von Neugier sprechen. Ich kann nicht sagen, daß ich in Schweden unzufrieden gewesen wäre, und insofern handelt es sich nicht um etwas wie geistige Emigration. Eher um Neugier, die sich auf die andere Hälfte richtet.

Demnach hättest du es so gesehen, daß es eine andere Hälfte gibt.

Mag sein, daß die Metapher schlecht ist. Doch ich dachte mir, daß da noch etwas anderes ist. Oder wovon sprichst du jetzt? Von Prag?

Von dieser anderen Hälfte Europas. Ich möchte ja nicht erfahren, woran du jetzt denkst, sondern ich will wissen, was du damals gedacht haben magst und in was für Begriffen du dachtest. Und auch diese inquisitorischen Fragen beziehen sich hierauf. Hast du dir vorgestellt, da ist etwas, das eine andere Seite hat?

Ich habe sie mir als etwas Unbekanntes vorgestellt. Diese andere Hälfte war etwas Unübersichtliches und Undurchsichtiges, und gerade das war wohl der Reiz daran. Andererseits gehört sie ja zu Europa, obwohl entfernt davon und von uns im Westen vergessen, und so müssen unsere Bezugspunkte doch gleich sein. Ich kannte damals schon Emigranten, mit denen ich mich natürlich ohne weiteres verständigen konnte.

Waren das tschechische Emigranten?

Ja. Und doch war in ihnen etwas anderes, das eben in der Auseinandersetzung spürbar wurde.

Waren das Freundschaften oder Liebschaften?

Nein, damals waren es Freundschaften.

Na gut, Freundschaften. Und wie lange bist du in Prag geblieben?

Ungefähr zwei Jahre.

Du hast dein Studium fortgesetzt?

Ja.

An der Universität, ganz normal?

Nicht ganz normal, da ja mein Stipendium Teil eines Kulturaustauschs zwischen Stockholm und Prag war, und beide Parteien, aber vor allem die Tschechen, behandelten die Angelegenheit ziemlich formalistisch: Sie brauchten statistische Daten, damit sie etwas vorweisen konnten; es ging um das Plan-Soll. Im Grunde krähte kein Hahn nach mir. Ich mußte meine Doktorarbeit schreiben, Vorlesungen brauchte ich nicht zu besuchen. Ich durfte, mit Hilfe einiger ängstlicher Dozenten, an meiner Dissertation arbeiten; ich hatte vor, über Reformen der Planwirtschaft aus historischer Sicht zu schreiben. Das war mein Thema; das wollte ich. Natürlich entsprach dieses Thema damals nicht der Zeit. Es war unsinnig. Auf seine vorsichtige Art versuchte einer der Dozenten mir beizubringen, daß die Sache völlig sinnlos sei.

Von welcher politischen Einstellung war dieser Dozent?

Bestimmt selbst ein Reformer, der alles ablehnte, was nach achtundsechzig geschah. So geriet ich in Prag in einen Zustand des Unwirklichen. Weder auf mich selbst noch auf meine Arbeit war irgend jemand neugierig. Ich erhielt mein Geld, und was ich tat oder nicht tat, war egal. Im Studentenheim richtete ich mich wie ein Privatgelehrter ein. Ich schrieb und las Texte, die mit meinem Thema, ja, manchmal auch mit der Tschechoslowakei gar nichts zu tun hatten.

Und womit hatten sie zu tun?

Ich las schwedische Literatur. Ein auf zwei Jahre ausgedehnter Urlaub, wenn du so willst.

Du hast deine Studentenzeit einigermaßen ausgewalzt.

Auf jeden Fall habe ich sie verlängert, ich war ja noch nicht sehr alt. Gewiß war es der schüchterne Versuch, noch nicht erwachsen werden zu müssen, nicht in das Leben erwachsener Menschen eintreten zu müssen, mich nicht Verantwortungen und Verpflichtungen unterziehen zu müssen, nicht Berufsökonom werden zu müssen, allein deshalb nicht, weil mich die Volkswirtschaft nicht besonders interessierte.

Auch wenn du bestimmt nicht so gedacht hast, als du zu jenem Entschluß kamst.

Nein, es war selbstverständlich kein bewußter Entschluß. Andererseits natürlich doch. In Schweden studierte ich an dieser weltbekannten, renommierten Handelshochschule, an der Nobelpreisträger unterrichten...

Wie heißt diese Schule?

Es ist die Handelshochschule in Stockholm. Jedenfalls Geschichte der Ökonomie wurde von erstrangigen und weltberühmten Wirtschaftshistorikern unterrichtet. Es war eine sehr gute Schule, ich habe viel gelernt; nicht so sehr das, was die Lehrer sich vielleicht erhofften, als vielmehr die Art und Weise, wie man seinen eigenen Intellekt disziplinieren kann. Aber jedem, der dort abschließt, ist der Weg vorgezeichnet; er geht in die Industrie, und er wird als Diplomkaufmann oder Volkswirtschaftler arbeiten. Ich war kaum zweiundzwanzig, als ich die Schule abschloß. Doch ich wußte ganz genau, daß ich das Erwachsenwerden hinauszögern mußte, denn ich vermochte mich einfach nicht gleich in einen langweiligen fertigen Menschen zu verwandeln. Diese ganze Ökonomie erschien mir als eine ziemlich trostlose Angelegenheit.

Warum hattest du sie dann gewählt? Warum hattest du dich an dieser Schule eingeschrieben?

Wahrscheinlich war der Druck von seiten der Familie sehr stark. Für diese Hochschule gibt es einen Numerus clausus; nur mit einem sehr guten Zeugnis wirst du angenommen. Ich hatte ein sehr gutes Zeugnis, aber ich wollte Literatur studieren. Meine Familie hingegen war der Auffassung, daß es schiere Vergeudung wäre, mein Zeugnis für so etwas zu verwenden. Für die philosophische Fakultät bestand kein Numerus clausus. Ich erinnere mich gut, wie mein Vater sagte, an der Handelshochschule bekommst du eine anständige Ausbildung, dann kannst du Literatur studieren. So habe ich es dann auch gemacht.

In Prag.

Ja, beziehungsweise nein. Eigentlich heimlich schon an der Handelshochschule.

Hattest du auch Literaturvorlesungen an der Universität belegt?

Nein, das nicht. Auch an der Handelshochschule besuchte ich nur die vorgeschriebenen Übungen, legte das Examen ab, war jedoch selten in einer Vorlesung. Ich lernte schnell und konzentriert und machte nur das, was sich gar nicht vermeiden ließ. Die so gewonnene freie Zeit verwandte ich aber auf das, was mich interessierte.

Und mit welchem Ergebnis hast du abgeschlossen? Richtig gut oder ganz normal?

So ganz normal auch wieder nicht. Ich schloß ziemlich mittelmäßig ab. Ich war für diese Ausbildung nicht geeignet.

Denn du hattest ja daneben ein anderes...

Wie ein Mister Hyde hatte ich daneben ein anderes Leben.

Und wie war dieses Geheimleben?

So, wie es nach romantischer Vorstellung sein muß: Literatur, Diskussionen und Philosophie.

Was beschäftigte dich um die Zeit am meisten? Welche Geistesrichtung, welche Literatur, welche Philosophie?

Ich beschäftigte mich viel mit dem Dritten Reich; auch der Kommunismus interessierte mich. Ich bestellte Bücher direkt aus Moskau, von Progress Publishers. Seltsame Bücher! Die kamen an in Paketen mit einem groben, farblosen Umschlagpapier, das unter meinen Fingern fast zerfiel. Einführung in den Marxismus-Leninismus, Anti-Dühring, Beiträge zur Nationalitätenfrage...

Demnach hatte dein Interesse eher politischen Charakter?

Ja, aber umgeben von Literatur.

Kannst du Bücher nennen?

Die ich damals etwa las? Unzählige geschichtliche Werke. Kafka, Gogol, Stendhal. Aber auch Benn interessierte mich.

Hast du auch etwas über seine politische Rolle gelesen?

Ja, darüber auch.

Und?

Mich interessierte, wie man sein Verhältnis zu einer Gesellschaft bestimmen, beziehungsweise welche Rolle man sich in einer Gesellschaft erarbeiten kann, die man ablehnt. Bei der – vielleicht zu unausgegorenen und unvollständigen – Beschäftigung mit Benn erkannte ich aber doch, daß auch ich nicht in meine Situation paßte.

Das hieße aber doch, daß du nicht nur mit den Umständen, sondern auch mit deiner eigenen Einstellung äußerst unzufrieden gewesen sein mußt?

Ablehnend. Ich sagte zu allem nein, wo ich fühlte, daß man von mir ein Ja erwartet.

Hatte dein Vater eine feste Vorstellung, was du nach deinem Studium zu machen hättest? Oder was für die Familie gut wäre?

Nach ihrer Herkunft sind meine Eltern beide Großbürger, aber beiderseits aus einigermaßen abgewirtschafteten Familien. In der Familie meiner Mutter zum Beispiel wurde früher nicht nur viel Geld, sondern auch Karriere gemacht. Der Großvater meiner Mutter war viele Jahre Finanzminister und schließlich für kurze Zeit Ministerpräsident.

Wann war er Ministerpräsident?

Während des Ersten Weltkriegs war er Ministerpräsident einer konservativen Regierung, als solcher einer der Fortschrittlichen, eine Art Sozialkonservativer. Er selbst war der Meinung, er sei an der Spitze angelangt, als er Kanzler der Schwedischen Universitäten geworden war. Dann verwickelte sich die Familie in gigantische Wirtschaftsskandale, sie wollte die Baumwollernte der ganzen Welt aufkaufen und verlor im Grunde genommen alles, was sie hatte. Nach dem Abenteuer mit der Baumwolle versuchte sie krampfhaft an ihrer Vergangenheit festzuhalten, allerdings nicht mit großem Erfolg. In der Familie meines Vaters wurde Kultur nicht so groß geschrieben, aber sie war wirtschaftlich sehr erfolgreich. Später aber machte auch sie Pleite. All das hatte zur Folge, daß in meiner Mutter und in meinem Vater gewisse Ängste lebendig waren. Man muß sich an das klammern, was man hat, damit man nicht noch mehr verliert. Die Angst und das Festklammern hatten aber auch auf uns Kinder ihre Wirkung. Es war wichtig, daß unser Leben im bürgerlichen Sinn des Wortes ein Fundament hatte: daß wir gut ausgebildet waren, daß uns Launen oder Gefühle nicht beherrschten, sondern daß wir diszipliniert Ordnung in sie brachten. In diesem Sinn lenkten unsere Eltern uns in eine bestimmte Richtung, allerdings nicht gewaltsam. Das Gewaltsame spürte ich erst, als ich älter wurde, aber da hatte mein Vater im Grunde genommen die Schlacht schon verloren. Da konnte er mich nicht mehr bremsen, konnte nicht mehr aus mir machen, was er wollte.

Aber was hätte er gewollt?

Ich weiß es nicht genau. Daß etwas Anständiges aus mir würde, vor allem aber ein Bürger. Er sah Literatur und Philosophie mit Mißtrauen an; er hielt nicht viel von Erfundenem, las selbst sehr viel, doch nur über Dinge, die tatsächlich stattfanden. Die meisten meiner Freunde hielt er für Bohemiens und beobachtete ängstlich, daß ich nicht auch in diese Richtung abglitt: in eine Richtung, die im Hinblick auf die geschichtlichen Erfahrungen meiner Familie die Katastrophe bedeutete.

Und wer hatte die Familie so ruiniert? Die Väter oder noch die Großväter?

Mein Großvater väterlicherseits war Schuhfabrikant, er hat selbst Fabriken aufgebaut. Im Ersten Weltkrieg verdiente er schauderhaft viel Geld, er belieferte die Deutschen.

Er war Lieferant.

Ja, Kriegslieferant. Er versah Kaiser Wilhelms Heer mit Stiefeln und verdiente Millionen damit. Doch seinem Wesen nach war er eher ein Zigeuner, er verschenkte alles, verlebte sein Geld, hatte seine Freude daran. Er war ein großer Leser, saß am liebsten in seiner Bibliothek und las, was die Großbürger damals so lasen: Dickens, Kipling, Mann, aber auch Felix Dahn. Aus dem Leder, das er einkaufte, machte er Militärstiefel, hat aber auch seine Bücher damit eingebunden. Nach dem Krieg dann, wahrscheinlich in den zwanziger Jahren, machte er Bankrott, das heißt, er hätte beinahe Bankrott erklären müssen, da er sein Geld nicht vernünftig angelegt hatte. Bis zum nächsten Krieg hielt er sich knapp über Wasser. Dann jedoch kam die Sache wegen seiner deutschen Kontakte wieder in Schwung. Zu den Nazis hatte er keine Kontakte...

Ich helfe dir aus der Verlegenheit: Er hatte Kontakte mit der Wehrmacht.

Er hatte gute Kontakte zu adligen und großbürgerlichen Kreisen.

Dank ihrer brachte er es noch einmal weit, verkaufte wieder Stiefel und verdiente seine Millionen.

Er war wohl schon ein alter Mann.

Er war ziemlich alt, Jahrgang einundachtzig.

War damals auch schon dein Vater ins Geschäft eingestiegen?

Nein, nein. Mein Vater wäre gerne Fliegeroffizier geworden, das war der Traum seines Lebens. Aber an dem Tag, an dem er in die Flieger-Kadettenschule einrücken sollte, bekam er Kinderlähmung. Das war kurz vor Kriegsausbruch. Zwei Jahre lang kämpfte er um sein Leben. Mit Erfolg, doch ich glaube, dieser Kampf brauchte alle seine Kräfte auf. Er hatte zwar genügend Kraft, den Kampf angesichts des Todes zu gewinnen, doch die Kraft zum Leben blieb dann in ihm geschwächt. Im anderen Zweig der Familie lauerte hingegen die Geisteskrankheit, sozusagen die angeborene Unfähigkeit zur bürgerlichen Lebensführung. Wie bei meiner Großmutter: diese nicht zu bremsende Intelligenz, die *à la longue* in Zerstörung umschlägt. Ich würde sagen, in beiden Familien war mehr oder weniger schon die Generation der Großväter zum Ruin verurteilt. Nach dem Zweiten Weltkrieg verlor mein Großvater sein Geld wieder, und da war er zu alt, um auch noch den dritten abzuwarten. Übrigens war es ihm völlig egal. Ich habe noch nie einen Menschen wie ihn gesehen. Es war ihm vollkommen gleichgültig, ob er in seinem Palais saß oder auf der Straße unter Gesindel. Einmal kamen wir zusammen nach Hause, und vor seinem Haus sprach ihn ein Fremder an. Er sagte, er habe nicht einmal ein Hemd, und er hatte wirklich keines, sein Oberkörper war nackt und glänzte in der Sonne. Mein Großvater hörte sehr wach und aufmerksam zu. Er zog sein Jackett aus und schlüpfte aus seinem eigenen Hemd. Es war wie in einem Traum. Und wenn ich das jetzt erzähle, so ist dabei keinerlei Beschönigung oder irgendeine Art von Koketterie, sowenig wie mein Großvater selbst kokettierte, sondern seine Grundhaltung war eben so: unerschütterlich gütig.

Damit ist die Motivation gegeben.

Du denkst an meinen Weggang?

Beziehungsweise daran, daß du dich vom anständigen, bürgerlichen Leben abgrenzen mußtest.

Schließlich hat dieser Weg schon meine Familie nirgendwohin geführt. Insofern kann meine Wahl, eben einen anderen Weg zu beschreiten, durchaus als vernünftig angesehen werden. Mein Vater protestierte allerdings dagegen, da ich ja so, auf einem Schleichweg, die Tradition der Zerstörung doch fortsetzte.

Hättest du mit deinem Weggang diese zerstörerischen Traditionen nicht auch aufhalten können?

Wie stellst du dir das vor?

Ich denke, daß die Negation in die bürgerliche Tradition eingebaut ist. Die Hauptkatastrophe akzeptiert wohlweislich solche Nebenkatastrophen. Ich denke an Faust, an Goethe oder was immer du willst.

Das die bürgerlichen Traditionen Zerstörende ist in meiner Familie aber sehr stark. Es ist mit Krankheit und Frevel verbunden.

Von Frevel war noch nicht die Rede.

Weil ich noch nicht von meiner Großmutter mütterlicherseits gesprochen habe, die oft bis an den Rand des gesellschaftlichen Abgrunds gelangt ist. Sie lebte lange mit einem Fälscher zusammen. Dieser war de facto ihr vierter oder fünfter Mann, aber sie heirateten nicht, weil meine Mutter es ihnen nicht erlaubte. Wir nannten ihn Onkel Axel, er war nett und dick, rauchte Zigarren, und seine Weste war fortwährend voller Asche. Als Kind besuchte ich sie oft, ich half Onkel Axel sogar beim Fälschen. Er stellte kleine Metallplättchen mit den jeweiligen Künstlernamen her, und ich hatte die Aufgabe, diese Plättchen fein säuberlich auf die gefälschten Bilder aufzuschrauben. Ich erinnere mich gut an die ständige Unruhe, in der meine Eltern lebten; die ganze Familie lebte in Unruhe wegen Großmutter. Man wußte nie, was sie gerade im Schilde führte, und in der Tat unternahm sie recht zweifelhafte Sachen.

In finanzieller oder in moralischer Hinsicht? Oder beides?

Falls es als Frevel gilt, Millionären gefälschte Bilder zu verkaufen, dann ist das bestimmt auch moralisch ein zweifelhaftes Unterfangen. Und doch würde ich die moralische Seite der Angelegenheit nicht so sehr betonen. Meine Großmutter war ein ethischer Mensch.

In welchem Sinn?

Im tiefstmöglichen Sinn.

Hattest du sie gern?

Sie stand meinem Herzen nah.

Sie muß eine liebenswürdige Frau gewesen sein.

Nein, liebenswürdig war sie nicht. Sie war eine fürchterliche Person. Sie fraß die Menschen auf und spuckte sie dann aus. Aber es war in ihr etwas von diesem Zwiespalt, von der Bejahung und Verneinung der bürgerlichen Tradition, von dem wir gerade sprechen; das ist das Wichtige, wie mir scheint. Und noch etwas, das vielleicht auch meinem Leben seinen Stempel aufgedrückt hat. In der Familie hieß es, meine Großmutter habe sich in Katastrophen stets großartig verhalten, und das war so. Für jeden, der in irgendwelche Schwierigkeiten geraten war, konnte sie alles tun. In Zeiten des Erfolgs aber war sie unerträglich, als würde der Erfolg sie bewegen, mit aller Kraft auf Zerstörung hinzuwirken. In der Tat hat sie alles zerstört, alles kaputtgemacht. Auch sich selbst konnte sie nicht retten, da sie nun einmal selbst die Katastrophe suchte; und sie hat sie auch gefunden.

Vielleicht war sie darauf aus. Für sie mußte das sein wie der Erfolg für den gewöhnlichen Sterblichen.

Ja, sicher. Das war ihre Natur, unter der sie allerdings schrecklich litt. Sie konnte sie weder bändigen, noch konnte sie ihr entrinnen. Sie war ein selbstzerstörerischer Mensch. Bot sich ein günstiger Augenblick, nahm sie die Gelegenheit wahr. In Katastrophen lebte sie auf und war großartig.

Hattest du Mitleid mit ihr?

Für Mitleid war ich zu jung. Ich hatte sie einfach gern. Sie war stark, so stark, daß man vielleicht gar kein Mitleid mit ihr haben konnte.

War sie schön?

Sehr schön. Sie machte ihre Schönheit gleichsam konsequent kaputt.

Beeindruckte sie dich mit ihrer Stärke? Oder würdest du so etwas nicht behaupten?

Ich weiß nicht recht. Die Stärke war ein wesentlicher Bestandteil ihrer Persönlichkeit, und das überwältigte mich durchaus. Doch der zerstörerische Aspekt dieser Stärke machte mich beklommen. Sie selbst wollte das nicht; es war ersichtlich, daß sie das selbst nicht wollte, sondern darunter litt. Mitleid mit ihr hatte ich erst nach ihrem Tod. Heute sehe ich, was ich damals nicht klar sehen konnte: Es war auch für sie die Hölle. Sie war nicht fähig, sich selbst zu schützen.

Vielleicht sollten wir zur Politik zurückkehren, denn auch diesbezüglich hätte ich noch Intimfragen. Spieltest du irgendeine Rolle in den achtundsechziger Studentenunruhen? Hast du an ihnen teilgenommen?

Nein.

Also hast du dich auch da so benommen wie gewöhnlich. Du hast dich nicht identifiziert.

Ich konnte mich nie mit einem Kollektiv identifizieren; zumindest in der Politik ist es mir nie gelungen. Ich gehörte nie zu irgendeiner Gruppe, nie zu einer Organisation, nie zu einer Partei. Für mich war so etwas immer, als müßte ich meine eigene Person vergewaltigen. Wenn wir schon von Organisationen oder Gruppierungen sprechen, so kann ich nur eine einzige nennen, der ich mich doch unterzuordnen vermochte: die Fußballmannschaft.

Du hast Fußball gespielt? Das wußte ich nicht.

Leidenschaftlich.

Und hast du auch in einer richtigen Mannschaft mitgespielt?

Ich will nicht prahlen, aber: ja, ganz anständig.

Was warst du?

Linksaußen.

Linksaußen. Na, das ist nicht schlecht.

Nein, gar nicht... Wenn schon auf dem Feld, dann am Rand. Wenn schon in der Mannschaft, dann in einer Außenposition. Damals spielten wir natürlich anders, als man heute spielt. Heute ist alles so kollektivistisch; die Mannschaft ist ein großer Organismus, er bewegt sich, als würde über seine Bewegungen anderswo und von anderen entschieden. Ich stand am Rand, ganz linksaußen, und wartete auf den Ball. Kam er, so hatte ich meine eigene, maßgeschneiderte Methode; ich war darauf aus, daß er wieder ins Zentrum, zu meiner Mannschaft, gelangte. Auch das war eine Form der Verneinung.

War deine Position auf dem Feld eine Folge deiner geistigen Einstellung, oder hat nur der reine Zufall es so gewollt?

Von Natur aus bin ich Linksfüßer. So wie ich Linkshänder bin.

Von außen, von links. So verhieltest du dich zum Spiel.

So verhielt ich mich zum Spiel. Es ist natürlich zu befürchten, daß wir nachträglich stilisieren.

Dann laß uns nicht stilisieren. Aber die Frage ist immer noch offen, was dein Interesse für den Kommunismus oder den Sozialismus weckte, da du dich doch mit keiner politischen Strömung identifizieren konntest.

So wie ich es jetzt sehe, waren es vielleicht zwei Gründe. Vor allem war es in den Augen meiner unmittelbaren Umgebung eine Provokation; ich wollte mich wehren, gleichzeitig provozieren. Die anderen waren Antikommunisten.

Entschiedene Antikommunisten?

Was meinen Vater betrifft, so kann man sagen, daß er es entschieden war.

Er war konservativ, und blieb er es auch?

Ja. Wahrscheinlich bezog ich die Bücherpakete aus Moskau, weil ich gegen ihn protestieren wollte. Ich mußte mich gegen seinen Einfluß schützen. Meine Erfahrungen wiesen mir einen Platz am Rand zu, und meine Gefühle machten mir klar, daß ich nirgendwohin gehörte. Da sich nun weder das Gefühl noch die Situation als angenehm erwies, fühlte sich mein Verstand allmählich zu irgendeiner Gemeinschaft hingezogen.

Du hattest damals wohl nicht viele Freunde.

Nein.

Hattest du überhaupt Freunde?

Ich hatte einen Freund, der für mich sehr wichtig war.

An der Universität oder noch in der Schule?

Es war eine starke, schwärmerische, schöne Jugendfreundschaft; im Gymnasium. Zu zweit lösten wir sämtliche Probleme der Welt. Doch er war der einzige. Alle anderen waren nur gute Bekannte.

Was für ein Mensch war er?

Er stammte aus einer armen Familie, sein Vater arbeitete in einem Tabakladen. Sein Verstand war viel schärfer und viel reifer als der meine, er war die lenkende Kraft in unserer Beziehung. Er deckte mir Dinge auf, von denen ich zuvor keine Ahnung gehabt hatte. Wir waren um die dreizehn, als er mich zum Beispiel mit der antiken Literatur bekannt machte. Auch Orwell, Huxley und Zamjatin kenne ich durch ihn. Oder die schwedische Schriftstellerin Karin Boye; und solche Dinge. Auf solche Bücher stürzten wir uns

Wann endete die Freundschaft?

Als er mit einem Stipendium nach Amerika ging. Er verlor ein Jahr, kam eine Klasse tiefer, und irgendwie versickerte die Freundschaft. Nach dem Abitur studierten wir in verschiedenen Städten; er ging nach Upsala, ich blieb in Stockholm.

Und dann bist du von dort weggegangen. Aber ich hätte noch immer eine Frage, die sich auf Schweden bezieht. Kannst du dir vorstellen, wie sich dein Leben gestaltet hätte, wenn du dort geblieben wärst? Oder hast du dir darüber nie Gedanken gemacht?

Mit der Zeit hatte ich den Eindruck, einen sehr großen Umweg gemacht zu haben. In meinem Leben kommt alles spät, und irgendwie ist die Zeitverschwendung sehr groß. Auf diesem langen mitteleuropäischen Umweg mußte ich Dinge entdecken oder mich mit Dingen versöhnen, die ich wohl schon damals hätte akzeptieren können; als ich wegging, hätte ich mehr Demut gehabt. Wäre es nicht so erschütternd, würde ich sagen, daß ich zwanzig Jahre weggeworfen habe. Natürlich ist es nicht an dem. Und doch ist es so. Was ich seit meinem Weggang gemacht habe, gehört ebenfalls ins Kapitel Flucht. Bestimmte Entscheidungen umgehen, dem Zwang bestimmter Muster entfliehen, dem mehr oder weniger vorgegebenen Weg ausweichen. Diese Flucht ist mein Unterfangen. Ja.

Aber warum eigentlich?

Um mich zu retten.

Aber wovor?

Vor dem Schrecken des Musters, des vorgegebenen Wegs.

Eben das würde mich interessieren, was das für ein Muster ist. Was wäre im Idealfall aus deinem Leben geworden? Was wäre, wenn meine Großmutter Räder hätte? Was wäre gewesen, wenn du nicht weggegangen wärst?

Wie wäre es gewesen... Vielleicht ist die Frage an sich Selbstbetrug. Damals stellte ich mir vor, ich müßte den konventionellen Weg gehen, wenn ich bliebe. Geschäft, Geld, Bürgerlichkeit. Doch auch aus meiner eigenen Rettung konnte ich nicht viel herausholen. Ich bin geflohen, aber ich habe nichts anderes gefunden, oder nicht etwas, das ich vorzeigen könnte. Wenigstens nicht viel.

Das klingt ziemlich enttäuscht.

Ja. Wahrscheinlich.

Also hattest du doch irgendeine Vorstellung von dir selbst, die dir dann später uneingelöst schien.

Es gab Zeiten, wo ich viel geschrieben habe, dennoch nur für die Schublade.

Wir kannten uns schon vier oder fünf Jahre, als ich dich einmal etwas gefragt habe. Ich erinnere mich sehr gut an die Szene. Ich fragte, ob du außer deinen Zeitungsartikeln nicht noch etwas anderes schreibst. Um es deutlich zu sagen, ob du nicht auch mit Belletristik befaßt seist. Du sagtest, ausgesprochen betroffen – oder eher irritiert – und allzu bestimmt, nein. Es war, wenn ich mich recht entsinne, als wir uns auf Siebenbürgen vorbereiteten.

Ich bin nicht sicher, daß es sich so abgespielt hat. Magda, Susanne und Péter Lengyel waren auch da, als du das fragtest. Wir alle saßen in der Wohnung in der Andorstraße.

Péter Lengyel ist auch dagewesen? Daran erinnere ich mich nicht.

Ich erinnere mich dagegen sehr gut. Deine Frage ging mir nahe. Das muß siebenundsiebzig gewesen sein, Anfang siebenundsiebzig, denn wenn ich mich nicht irre, war es das erste Mal, daß Susanne und ich bei euch waren.

Nein. Das war bei anderer Gelegenheit. Das erste Mal kamt ihr zu zweit.

Wir kamen zu zweit, aber später traf auch Péter Lengyel ein.

Das muß an einem anderen Tag gewesen sein. Als ihr das erste Mal kamt, aßen wir zu viert, und es war Abend. Als ich dir jedoch die Frage stellte, war es Nachmittag. Jetzt erinnere ich mich. Es waren tatsächlich mehrere Personen im Zimmer. Wir saßen nebeneinander. Die anderen konnten meine Frage gar nicht hören. Susanne konnte sie vielleicht hören, oder vielleicht wollte ich gerade, daß sie sie hört.

Ich erinnere mich daran ganz anders. Vielleicht war es wirklich nicht bei der ersten Gelegenheit. Die Frage tauchte im Zusammenhang mit deinem Familienroman auf. Wir unterhielten uns ein wenig über das letzte Wort des Romans, über jenes Nein. Ich sagte so etwas wie, ja, wenn der große irische Schriftsteller James Joyce seinen großen Roman mit dem schönsten Wort der Sprache, dem Ja, abschließt, dann schließt der große ungarische Schriftsteller Péter Nádas seinen großen Roman mit dem Nein ab. Es war mir wichtig, das zu sagen, weil ich mich irgendwie mit deinem Nein identifizieren konnte. Péter Lengyel lächelte, und du übernahmst ein bißchen lachend den ironischen Ton und wandtest dich an ihn, wie man sich an einen Schriftstellerkollegen wendet. Das höre sich an, sagtest du, als sei dieser Richard auch Schriftsteller, da so etwas doch nur jemand sagen könne, der selber schreibt. So erinnere ich die Szene. Ich war einigermaßen entsetzt über die Annahme und antwortete ziemlich kurz angebunden, da es nicht nur ein Spiel war, sondern ich die Frage deutlich spürte.

Ich weiß es nicht, aber es ist sehr interessant. Ich gebe zu, daß mein Erinnerungsvermögen ziemlich miserabel funktioniert. Aufgrund von Sätzen kann ich mich nicht an Situationen erinnern. Mein Gehirn bewahrt eher Stimmungen beziehungsweise die Atmosphäre von Situationen auf. Doch damals hatte ich schon seit einiger Zeit auf die Gelegenheit gewartet, ich wollte dich auf jeden Fall fragen, daran erinnere ich mich gut. Ich wollte sehen, wie du auf eine solche Frage reagierst. Aber du magst recht haben, daß sich alles anders abgespielt hat. Auch wenn ich mich an eine so kokette Fragestellung wirklich nicht erinnere. Auf jeden Fall hatte ich eine ziemlich entschiedene Vorstellung davon, daß du nicht nur Zeitungsartikel schreibst, sondern auch Belletristik. Ich hatte allgemein den Eindruck, daß deine Fragen nicht aus der Richtung kommen, aus der ein Journalist Fragen stellt. Die Methode deiner Fragen ist anders. Sie verrät eine Denkweise, die der meinen sehr nahe steht. Du bist auf normale Art neugierig. Kurz und gut, ich hielt dich für einen normalen Menschen.

Das verstehe ich nicht.

Was verstehst du daran nicht?

Diese aus einer anderen Richtung kommenden Fragen.

Der Journalist fragt immer zielgerichtet. Und letztlich interessiert es ihn nicht, wer die Antworten gibt. Das ist eine Berufskrankheit. Bei dir fühlte ich diese ewige Zielgerichtetheit, diesen ständigen Mangel an Interesse nicht. Ich fühlte eine Art Interesse, das sich in jedem Fall auf die Menschen und ihre Situation bezieht und nicht auf den Zeitungsartikel, den du morgen oder gar im nächsten Augenblick schreiben mußt. Bei dem aber, der so arbeitet, ist die Aufmerksamkeit gespalten, denn sie richtet sich gleichzeitig auf zweierlei. Auch ich war Journalist und lebte lange mit einem gespaltenen Bewußtsein. Ich war gezwungen, Fragen zu stellen, die mich überhaupt nicht interessierten, beziehungsweise Fragen nicht zu stellen, die vom journalistischen Standpunkt aus gesehen nirgends hinführten. Ich spürte bei dir diese erzwungene Gespaltenheit, und ich fragte danach, weil ich wissen wollte, wie du damit umgehst. Dieser Mensch handelt letztlich nicht so, wie es normal, intelligent und, sagen wir, schön wäre. So dachte ich bei mir. Ist das so unverständlich? Oder versteht man es?

Jetzt verstehe ich. Aber glaubst du wirklich, daß man Journalismus und Literatur so absolut voneinander trennen kann?

Eine Zeitlang ist es vielleicht nicht notwendig. Auf die Länge jedoch unbedingt. Die Literatur betrachte ich nicht als Kunst. Die Griechen hatten recht, als sie sagten, man dürfe sie nicht zu den Künsten zählen. Die Lyrik ja, aber die Prosa nicht. Und doch berührt sie sich mit den Künsten, weil sie einerseits eine ähnliche künstlerische Haltung, andererseits philosophische Betrachtung verlangt. Diese Forderungen führen aber zu einer Lebensweise oder zu einer Lebenstechnik, die mit dem Journalismus schwer zu vereinbaren sind. Beide Tätigkeiten haben einen je anderen Horizont. Von welchem Standpunkt soll ich die Ereignisse meines und des Lebens anderer betrachten; davon erzählt meiner Meinung nach die Prosa. Ist meine Betrachtungsweise aber zielgerichtet oder von einer ganzen Kette von Absichten gelenkt, dann gelange ich zu ganz anderen Schlüssen. Und die Schlüsse, zu denen ich über das Artikelschreiben gelangen mag, können zu einer soziologisch begründeten Literatur führen, nie aber zu einer philosophisch begründeten. Wer dauernd Artikel schreibt, muß zumindest mit der Möglichkeit jener tiefen und unüberbrückbaren Kluft zählen, die der doppelten Betrachtungsweise entsprechend in seinem Ich entsteht. Ich schließe die Möglichkeit nicht aus, daß jemand diese Kluft dennoch überbrückt, aber ich behaupte fest, daß diese zwei Gattungen je eine völlig andere Lebensführung und Denkweise voraussetzen. Da bin ich sicher.

Ich bin nicht überzeugt davon. Und jetzt spreche ich nicht von mir: Spräche ich von mir, würde ich vielleicht gerade wegen meiner eigenen Gespaltenheit zu dem neigen, was du sagst. Aber gerade wenn ich die Sache allgemeiner betrachte, finde ich, daß du diese zwei Varianten des Schriftstellerns zu streng und zu klinisch voneinander trennst. Wenn wir von den Lebensumständen und -bedingungen ausgehen, von denen du sprachst, so läßt sich in der Tat sagen, daß du dein Schriftstellerleben in einer Art Isolation verbringst, ruhig und asketisch, in einem ästhetisch durchdachten Milieu, fern vom Lärm der Welt, ohne Zwänge. Doch ich könnte sehr viele Schriftsteller nennen, die in anderen Verhältnissen lebten, und ich glaube, man kann von ihnen trotzdem nicht sagen, daß sie sich zwangsweise dem, was du «zielgerichtet» nennst, unterwarfen, daß sie nicht Literatur hervorgebracht hätten. Joseph Roth wäre anzuführen oder andere. Roth wäre vielleicht auch deshalb ein gutes Beispiel, weil er bis zu seinem Lebensende bewußt beide Arten des Schreibens ausgeübt hat. Dem könnte man natürlich entgegenhalten, Roth sei nicht gut genug; seine Belletristik sei halt journalistisch. Mit einer solchen Behauptung würde man sich jedoch ins Fragwürdige begeben. Ich könnte aber auch Schriftsteller nennen, von denen sich so etwas nicht im entferntesten behaupten läßt.

Bitte nenn sie.

Meinst du, ich könnte keinen nennen? Aber ja. Mag sein, daß Jaroslav Hašek kein gutes Beispiel ist. Aber Italo Svevo ist doch ein gutes Beispiel.

Svevo? Ich wußte nicht, daß er auch Journalist war.

Er war natürlich nicht ausgesprochen Journalist, aber dann und wann hat er auch für Zeitungen geschrieben.

Wenn du es unbedingt so sehen willst, dann wäre für mich Italo

Svevo das überzeugendere Beispiel als Joseph Roth. Allein schon, weil Musil und Thomas Mann die Ansicht vertreten, Roth schreibe zwar zweifellos Bücher, habe jedoch keine Sprache. Das heißt, sein Deutsch sei kein Deutsch.

Das sagt Musil.

Und Thomas Mann nicht minder. Ich habe in letzter Zeit seine Tagebücher gelesen, und über Roths Schreibweise hat er eine ziemlich abschätzige Meinung. Sprachlich kann ich das natürlich nicht beurteilen, aber ich bin bereit, ihnen zu glauben, denn Roth ist wirklich journalistisch. Svevo nie und nirgends. Was nicht heißt, daß ich Roths Bücher nicht mag. Zum Beispiel den *Radetzkymarsch*. Oder den *Hiob*, den ich gerade von dir bekommen habe. Ich habe mich krankgeheult darüber. Verrückterweise in einem Bus. Ich fuhr gerade mit einem Bus, als ich zum Ende des Buches kam, und ich konnte weder mit Weinen noch mit der Lektüre aufhören. Die Leute glotzten, fragten sich, was ist mit dem los. Wenn er so heult, wozu liest er dann, oder wenn seine Lektüre so traurig ist, warum macht er dann das Buch nicht zu? Aber es kann sein, daß ich mich in dieser ganzen Angelegenheit täusche. Möglich, daß ich nur von mir rede. Und so ist es auch möglich, daß ich aufgrund meiner eigenen Erfahrungen an einen Journalismus denke, der mit den im Westen bekannten Arten nicht zu vergleichen ist. Ich habe meine Erfahrungen in den elendsten Jahren gemacht. Na gut, nicht in den elendsten, da ich meine Artikel für die Zeitung Mitte der sechziger Jahre schreiben mußte. Aber vielleicht waren diese Jahre noch elend genug, so daß ich jenen Mittelweg, den du für möglich hältst, nicht finden konnte. Ich mußte mir dieses asketische Benehmen zu eigen machen, weil ich mich wehrte, und es kann sein, daß man daraus tatsächlich keine allgemeinen Schlüsse ziehen kann. Ich weiß es nicht.

Worüber mußtest du damals schreiben?

Über alles. Es war ein Provinzblatt, und ich sollte wirklich über alles schreiben. Reportagen über das Leben der Genossenschaft und über die Wirkung und die Konsequenzen wirtschaftlicher und politischer Beschlüsse. Solche Sachen. Sie haben ziemlich schnell meine Unbeholfenheit bemerkt... Ich hatte einen sehr guten Redakteur. Ich arbeitete im Inland-Teil, was in einer solchen Regional-Tageszeitung einfach zuviel war. Zum Beispiel kam eine bulgarische Parteidelegation, und ich mußte sie begleiten und über ihre Erlebnisse und Verhandlungen berichten. Es war sozusagen eine Riesenkatastrophe. Eine Aufgabe, die einfach nicht zu bewältigen ist. Sie redeten ausgesuchten Blödsinn, logen ausgesucht. Es war reine Heuchelei. Und ich mußte über diese Heuchelei so berichten, daß niemand auch nur auf die Idee kam, an die Wirklichkeit zu denken. Für diese Aufgabe hätte ich eine Sprache gebraucht, die es nicht gab und nicht gibt.

Das war bestimmt der Punkt...

Der tiefste Punkt, zu dem man tauchen kann. Es ergaben sich Tiefpunkte, an denen es nicht weiterging. Die Aufgabe ließ sich mit keinerlei Manöver lösen. Und ich konnte sie denn auch nicht lösen; ich log.

Ich glaube, zu diesem Punkt hat dich nicht der Journalismus *per se* geführt, sondern vielmehr eine Norm, eine sogeartete politische Norm, der auch der Journalismus unterstellt war.

Das ist richtig. Aber ebendeshalb gelangte ich zu dem Schluß, daß Journalismus unter dem Druck bestimmter Normen vor sich geht. Und unabhängig davon, wie und wo ihre Grenzen gezogen sind, wie eng oder wie locker sie sind, kann ich Normen nicht akzeptieren. Ich finde es einfach nicht interessant, wenn der Mensch sich zwischen Normen bewegt. Mich interessiert ausschließlich eine Norm, und jetzt übertreibe ich natürlich, die ich selbst aufgestellt habe und also als Lebensnorm akzeptieren kann.

Könntest du etwas Genaueres darüber sagen, wie du die Normen des Journalismus siehst?

Die Normen des Journalismus beruhen auf der grundlegenden Forderung, daß die Zeitung jeden Tag, den Gott währen läßt, mit Artikeln gefüllt erscheinen muß. Das ist Hysterie und Zynismus. Es darf kein Platz leer bleiben. Das ist das oberste Gebot. Es gibt keinen Ort auf der Welt, wo diese Grundforderung die Zeitungsleute nicht hysterisch machen würde – unabhängig vom politischen System, in dem sie leben, und von der Art von Heil, das ihnen dieses politische System versprochen hat. Ich muß eine Sache auf Termin hin lösen, und wenn ich sie nicht löse, dann erscheint die Zeitung nicht. Zumindest bei den ungarischen Zeitungen wird dieser rituelle Satz fortwährend gekräht. Letzten Endes aber bedeutet die höchste Gefahr gar nichts. Davon lebt der Zynismus. Denn ich sage mir doch, daß es noch nie einen Tag gab, an dem die Zeitung nicht erschienen wäre. Sie wird erscheinen, da kannst du ganz beruhigt sein. Völlig egal, was in ihr steht. Man wird zwischen Extremen hin und her gerissen. In den Sterbestatistiken nehmen die Journalisten einen höchst vornehmen Rang ein. Und wiederum unabhängig davon, wo die Zeitung erscheint, in Malmö oder in Gombosszeg – sie bekommen Herzinfarkte oder Nervenzusammenbrüche. Ich litt nicht nur darunter, daß ich mich mit den Zielen jener Zeitung nicht identifizieren konnte, sondern vielleicht noch mehr darunter, daß ich diesen allgemeinen und höchstwahrscheinlich auch andernorts gültigen Anforderungen nicht genügen konnte. Wovon sollte ich leben, da ich nun einmal von nichts anderem als dem Schreiben etwas verstand und trotzdem diesen Anforderungen nicht genügen konnte? Ich hielt mich krampfhaft fest und suchte nach Möglichkeiten. Um nicht allzuviel lügen zu müssen, um nicht eine Sprache gebrauchen zu müssen, die ich einfach nicht akzeptieren konnte. In meiner Ohnmacht war ich am ehesten auf das Wohlwollen meines Redakteurs angewiesen. Nach einer Weile hieß es bei der Zeitung, dieser Nádas, der schreibt so über das Menschliche.

Unter unmenschlichen Umständen über das Menschliche schreiben.

Die Aussage machte wirklich klar, worüber die Zeitung schrieb:

über unmenschliche Dinge. Ich schrieb Theaterkritiken, Rezensionen und Feuilletons, und damit brachte ich irgendwie das Pensum hinter mich. Nur mein grundlegendes Problem konnte ich nicht lösen. Ich konnte nicht damit fertig werden, daß fortwährende Hysterie und ständiger Zynismus das Maß meiner Tätigkeit sein sollten. Was zugleich reizvoll ist. Der Journalist, der seine Nase in alles steckt, der gemütliche, lockere, etwas zynische, wohlwollende Journalist, der fortwährend unterwegs ist und an Telefon und Telex hängt. Dem Reiz dieser hektischen Lebensweise konnte ich trotzdem nicht erliegen.

Aufgrund dessen, was du hektisch… nein, hysterisch genannt hast, verstehe ich deine Schlußfolgerung schon besser. Demnach zwingt Hysterie zu Oberflächlichkeit, und diese steht der Lüge, auch wenn sie nicht mit ihr identisch ist, doch ziemlich nahe. Eine sogeartete Hysterie würdest du dann wohl in jedem journalistischen Text vorfinden. Wenn du dich informieren möchtest, kannst du ja auch *Die Zeit* kaufen und würdest dennoch in den Artikeln diese feine Schicht von Hysterie und Oberflächlichkeit fühlen.

Unbedingt. Seit du zum Beispiel *Die Zeit* für mich abonniert hast… es ist wirklich lebenswichtig, daß ich sie regelmäßig erhalte, daß ich ein gutes Blatt lesen kann. Und doch heize ich am liebsten mit ihr ein. Sie brennt besser als das Papier der *Népszabadság* oder der *Magyar Nemzet*. Ich verbrenne sie, obwohl es mir wirklich wichtig ist, täglich oder wöchentlich ein solches Blatt in der Hand zu halten. Ich benütze sie, um meine eigenen Beobachtungen zu kontrollieren und zu vervollständigen, um mich zu orientieren; ihre Kontrollfunktion ist unerhört wichtig, und doch kann man nicht sagen, daß sie mein Leben bestimmt. Gleichzeitig muß ich sagen, daß Gogols *Tote Seelen* oder *Krieg und Frieden* mein Leben bestimmt haben. Ich habe keine andere Vorstellung von der Welt. Obwohl es zu der Zeit, als diese Romane geschrieben wurden, gewiß auch gute Zeitungen gab. Karl Kraus, Egon Erwin Kisch oder die anderen Genies des Journalismus sind natürlich Ausnahmen, da ja auch sie das Leben bestimmen, das ist wahr. Doch wenn man den Forderungen eines einzigen Tages gemäß schreibt und wenn anderntags das Geschriebene nichts anderes mehr ist als ein nutzloser Fetzen Papier, dann gerät man in ein ganz anderes Verhältnis zur eigenen Arbeit. Und auch das gehört zu den Grundforderungen des Journalismus. Es ist lustig, *Die Zeit* mit fünf Tagen oder einer Woche Verspätung zu erhalten. Sie berichtet dann von der Möglichkeit von Ereignissen, die wir schon hinter uns haben. Dank der Verspätung läßt sich die Kluft besser erkennen, die Utopie und Wirklichkeit trennt. Es gibt keinen noch so genialen Journalisten, der mir sagen könnte, was morgen geschieht. Tolstoi und Gogol aber können auch das.

Was die Ereignisse der folgenden Tage betrifft, sind sie immer allwissend.

Sie sind immer allwissend, weil am folgenden Tag auch nur das geschehen kann, was ihren Instinkten und Erfahrungen entspricht. Das aber ist eine viel stärkere Wirklichkeit, als was uns die Schlußfolgerungen aus sogenannten Tatsachen präsentieren.

Ich glaube, ich verstehe, wie du das meinst. Es gibt tatsächlich keinen Journalisten, der sagen könnte, was am nächsten Tag geschehen wird. Auch die genialen nicht; auch dein Karl Kraus nicht. Bei dem zum Scheitern verurteilten Versuch, die Zukunft hereinzuholen, werden die Grenzen des Journalismus ziemlich unfeierlich bloßgelegt. Nimm zum Beispiel den Don-Quichotte-Kampf, den Karl Kraus gegen Johann Strauß und gegen die Wiener Operette im allgemeinen führte, im Namen der Zukunft der Musik! Doch wenn er uns als Gegenpol Jacques Offenbach hinstellt, als sei das irgendwie eine Alternative, dann geht einem auf, daß der Journalist Karl Kraus doch einen ziemlich beschränkten Horizont gehabt hat. Möglich, daß der beschränkte Horizont eine Eigenheit des Genres ist; doch sehe ich sein Urteil eher in seinem schlechten Geschmack als im Journalismus an und für sich verankert.

Er schreibt Blödsinn, aber gut. Doch die Abwertung von Strauß und die Aufwertung von Offenbach ist nicht einfach eine Geschmacksverstauchung. Der Journalismus hat den Zeitgeschmack zu bestimmen, das ist leider seine Aufgabe. Als müsse er den Leuten schön pädagogisch sagen, was für sie gut und was für sie schlecht ist. Nur daß diese im Gewand der Endgültigkeit daherkommenden Urteile alles in allem einen Tag, von mir aus eine Woche gelten. Endgültige Urteile, die in den Vorurteilen des Zeitgeschmacks gründen.

Dann bin ich wirklich ein heimlicher Schriftsteller. Denn was ich von meiner Tätigkeit oder meiner Aufgabe sagen kann – mit der Festlegung von Zeitgeschmack hat es nichts, aber wirklich gar nichts zu tun; es trifft ihn noch nicht einmal. Da ist ganz einfach gar kein Zusammenhang.

Wie meinst du das: da ist kein Zusammenhang?

Wenn ich da und dort kleine Vorträge über meine osteuropäischen Erfahrungen halte, dann merke ich jedesmal, daß das Publikum nicht hören will, was ich zu sagen habe. Auch wenn ich möchte, kann ich nichts bestimmen oder diktieren, vielmehr wird von mir verlangt, daß ich mich einem Geschmack unterwerfe, dessen Ursprung ich nicht kenne, bloß daß er auf viel kompliziertere und geheimnisvollere Art entstanden ist als durch noch so fett hervorgehobene Rubriken einer Zeitung. Man muß sich einer unvermeidlichen Tonlage anpassen, die du Zeitgeschmack nanntest und die mit der Epoche, dem Augenblick in Zusammenhang steht. Wie? Das weiß ich nicht. Aber wenn ich es nicht so mache, dann bin ich unter dem Gesichtspunkt des Journalismus kein guter Journalist. Und in diesem Sinn halte ich mit den täglichen Forderungen tatsächlich nicht Schritt; was ich zu sagen habe, paßt sich diesem allgemeinen Zeitgeschmack nicht an. Ich sage das aber nur in Klammern. Es würde mich sehr interessieren, wie das bei dir war. War es nicht so, daß du zuerst fotografiert hast und dann vom Bild zum Text kamst?

Bei mir war es so, daß ich seit meiner Kindheit nichts anderes wollte als schreiben. Ich war elf oder zwölf Jahre alt, als ich zu diesem Entschluß kam. Eigentlich war es gar kein Entschluß, sondern ich erhielt ganz einfach eine wundervolle Lampe für meinen Schreibtisch. Damals, zu Beginn der fünfziger Jahre, war bei uns Kunststoff noch keine Selbstverständlichkeit. Die ganze Lampe bestand aus glänzendem, hartem Kunststoff, wahrscheinlich aus PVC oder so etwas, während wir nur Bakelit und solche alten Sachen kannten. Dieser Kunststoff schien irgendwie über die anderen Stoffe erhaben, vollkommener. Der Fuß der Lampe war aus Kunststoff, ihr gedrungener Körper war aus Kunststoff, und aus dem gleichen Kunststoff war auch ihr wunderbar und proportioniert geformter ovaler Schirm. Mein Vater sagte, er habe sie in Miskolc gekauft, und darüber lachten sie ein bißchen, so als wollten sie sagen, was kann man nicht alles in Miskolc kaufen. Heute weiß ich, daß er sie in London oder Wien gekauft hatte, auf einer jener Geschäftsreisen, von denen er nicht sprechen durfte. Und sie war knallrot. Nicht einfach rot, sondern ein richtiges knalliges Rot. Ein etwas lichtdurchlässiger, glänzender Kunststoff. Sie verlieh meinem Zimmer ein warmes rötliches Licht. Ich hatte ein ziemlich abweisend eingerichtetes Zimmer. Bett, Schrank, Tisch, Stuhl, kahle Wände. Rot ist sonst nicht meine Farbe, ich mochte Rot nie, auch nicht in meiner Kindheit. Ich erinnere mich nicht, daß bei uns irgend etwas rot gewesen wäre. Doch dieses rote Licht tat mir gut. Und am folgenden Tag, oder vielleicht noch am gleichen Abend, begann ich etwas zu schreiben in diesem funkelnagelneuen Licht. Ich weiß nicht mehr, was ich schrieb, doch die Operation selbst wurde zu etwas ganz Außergewöhnlichem, daran erinnere ich mich. Einerseits war es ein guter Zustand, es war gut, dieses Gute verspüren zu dürfen, andererseits resultierte das Gute daraus, daß ich endlich nichts anderes mehr spürte. Ich spürte meine Beine nicht, spürte nicht, daß die Hose an meinen Schenkel rieb. Ihr Reiben, ihr Zwicken hat mir die ganze Kindheit verdorben. Ich spürte dieses ewige körperliche Unwohlsein nicht mehr, mir war nicht mehr eng, und ich hatte keine Ängste mehr. Durch die Lampe war es anders geworden, durch das Licht, die rote Farbe, das ist ganz wesentlich.

Dann hat dieses Licht dich zur Literatur gebracht.

Ja. Der Zustand selbst war soviel wie der Entschluß. Genau. Natürlich las ich auch viel. Überhaupt nicht Kinderlektüre. Zum größten Teil las ich in dieser Zeit, so im Alter zwischen neun und dreizehn, die Großen der russischen und der deutschen Literatur. Ich verleibte sie mir ein und versank in meinen Phantasien. Das Schreiben wurde zur Ergänzung dieses Tuns. Das Tun selbst jedoch wurde eindeutig vom Licht hervorgerufen. Von da an wollte ich nichts anderes machen. Als sich später herausstellte, daß es keine Schule gab, die ich anständig hinter mich bringen könnte, da ich für Schulen einfach ungeeignet bin, und nicht unbedingt, weil ich so ein aggressives, abgesondertes oder dummes Kind gewesen wäre, sondern vielleicht eher durch die Art, wie sich die Umstände bei mir entwickelten, ein aggressiver, verdummter Sonderling wurde, da also gelangte ich zum Entschluß, Fotografie zu lernen. Entstanden ist der Entschluß aus dem Hintergedanken, daß ich als Fotograf dann bei einer Zeitung unterkommen könnte, und wenn ich schon bei einer Zeitung bin, dann erlauben sie dort bestimmt, daß ich auch schreibe. Wenn ich schon schreibe, dann soll man mich schreiben lassen. Diesen heimlichen Fahrplan, von dem ich natürlich niemandem etwas sagte, habe ich denn auch ordnungsgemäß verwirklicht. Ich wurde Fotoreporter und arbeitete zwei, drei Jahre bei einer Illustrierten. Doch schon nach kurzer Zeit mußte ich einsehen, daß es so nicht gehen würde. Was mich interessiert hätte, konnte ich nicht fotografieren. Es war nicht fotografierbar, das heißt, ich hatte überhaupt keine Lust, Situationen zu fotografieren, wo andere das Fotografieren als unbefugte Einmischung hätten empfinden können. Es war abstoßend, was ich machte. Ich wußte nicht, wie meine Kamera zücken, und wenn ich sie nicht zückte, war es auch nicht recht. Ich wurde ja nicht dafür bezahlt, daß ich herumglotzte. Deshalb dachte ich dann, daß es wirklich besser wäre, zu schreiben. Ich sattelte um, obwohl ich hätte voraussehen können, daß auch das nicht ging.

Wann war das?

Neunzehnhundertfünfundsechzig, als meine erste Erzählung in einer Zeitschrift erschien. Das damit erregte Aufsehen genügte, daß ich ohne besondere Schwierigkeiten eine Stelle bei einer Zeitung erhielt. Es war wie eine Eintrittskarte, und so kam ich zu dem Provinzblatt. Allerdings kam ich der Erfüllung meiner gehätschelten Wünsche nicht nur nicht näher, sondern ich hatte den Eindruck, daß ich mich immer mehr davon entfernte, je länger ich da mitmachte. Das hatte im Grunde genommen natürlich nichts mit jenem Typ des Journalismus zu tun, der letzten Endes nicht einmal Journalismus war, aber es hing auch nicht mit den allgemeinen Bedingungen und Anforderungen des Journalismus zusammen. Hätte ich bei einer richtigen Zeitung echten Journalismus betreiben können, dann hätte ich diese Verbindung allenfalls später abgebrochen.

Wenn du sagst, du seist ungeeignet gewesen und es habe keine Schule gegeben, die du hättest abschließen können, was meinst du da? Wieso warst du ungeeignet?

Im Grunde war ich es wegen meiner fortwährenden Phantasien. Ich phantasierte ständig, das war alles, was ich tat. Und unter anderem hatte ich eine ganz schlechte Angewohnheit. Ich stellte mir nicht nur Dinge vor, sondern übersetzte die Phantasien sofort in Wörter. Ich bildete Sätze und Dialoge – natürlich nach dem Muster meiner Lektüren. Ich ging im Garten umher und redete vor mich hin. Ich war Natascha, ich war Tschitschkow, alles war ich. Ich schreckte auch vor so negativen Figuren wie Harpagon nicht zurück. Ich war Harpagon. Er war mein Lieblingsheld, denn so konnte ich fürchterlich sein, wie ich es sonst nicht hätte sein können. Aber Mozart war ich auch, da ja klar war, daß ich nicht Mozart sein könnte. Dann fing ich an, die Vorstellung in Sätze zu übertragen. Diese Plage verfolgt mich bis heute. Im Traum sehe ich nicht nur Bilder, höre nicht nur die Stimmen meines Traums, sondern auch noch etwas, das am ehesten Bildtexten oder Bildlegenden gleicht. Ich nehme nicht nur die Traumbilder auf, sondern korrigiere auch die zu diesen Bildern gehörigen Texte. Ich ersetze Ausdrücke, ändere Wortfolgen, suche nach anderen, treffenderen Wörtern. Was ziemlich anstrengend ist. Und so trennte ich mich irgendwie von meinen Mitschülern. Ich wurde schrecklich einsam und litt daran. Doch konnte und wollte ich meine Phantasie nicht bremsen oder unterdrücken, da ich ja mein ewiges Phantasieren nicht mit meiner Einsamkeit in Verbindung brachte. Bei mir wurde der sagenhafte Bewegungsdrang der Kindheit einfach durch den Bewegungsdrang der Phantasie abgelöst. Im Vergleich mit der in meiner Vorstellung tobenden Welt wurde die reale Welt der anderen töricht, flach und unverständlich. Ich verstand nicht mehr, warum zum Teufel sie einen rollenden Ball verfolgten, was für ein Vergnügen sie daran hatten, oder überhaupt: was sie warum taten.

Schade.

Was für ein Interesse kann es sein, das sie auf das bringt und nicht auf etwas anderes. Ich verachtete ihre primitiven Passionen. Ich verstand nicht einmal, was sie in der Schule von mir wollten. Durch die Volksschule schummelte ich mich irgendwie noch durch, da ich zum Schwindeln klug genug war. Ich tat, als interessiere mich, was mich nicht interessierte, und tat, als nähme ich auf, was ich nicht aufnehmen konnte. Wenn ich zwei Zahlen multiplizieren oder dividieren mußte, starrte ich einfältig ins Leere und tat höchstens so, als verstünde ich, obwohl ich es nicht verstand. Irgendwie kann ich es lösen, doch es macht mir bis zum heutigen Tag Schwierigkeiten, weil ich mich zuerst an die damals entwickelten Schummeltechniken erinnern muß. Die Behauptung, zwei mal zwei sei vier, habe ich nur akzeptiert, damit ich am Leben blieb und man mich nicht vom Taygetos hinunterwarf. In meinem Hirn gibt es nichts, woran ich diese Dinge festmachen könnte. Schwarzes Loch, weißer Fleck. Dann sind meine

Eltern gestorben. Als meine Mutter starb, war ich dreizehn, und als mein Vater starb, sechzehn. Mit Schein, Schwindel und Lügen konnte ich jenen Abgrund, der sich schon früher zwischen der Phantasiewelt und der realen Welt aufgetan hatte, nicht länger überbrücken. Als sie starben, bin ich sicherlich dort hineingefallen, und seitdem bilde ich mir vielleicht nur ein, daß ich mir etwas vorstelle. Auf jeden Fall machte ihr unverständliches und unabänderliches Verschwinden meine unbewußten kleinen Spiele kaputt. Ich geriet in einen Zustand, aus dem ich mich durch nichts anderes zu retten vermochte als meine normale Beschäftigung; was in meinem Fall bedeutete, das Isoliertsein zu akzeptieren und mich darin soweit wie möglich einzurichten. Etwas anderes gab es nicht. Es interessierte mich wirklich nicht im geringsten, ob ich die Mittelschule abschließen würde, und ich hätte auch keine Kraft gehabt, so zu tun, als interessiere es mich. Ich entfernte mich noch weiter von meinen Kameraden. Ich hatte Erfahrungen, die sie nicht verstehen konnten, beziehungsweise sie ahnten nicht einmal, daß es solche Erfahrungen von Welt überhaupt gibt. Shakespeare ist der Realist, alles andere ist schiere Illusion. In der frühen Kindheit fragt man neugierig nach dem Tod, aber erst der Erwachsene vertieft diese Neugier. Nach dem normalen Fahrplan beginnt man sich nach dreißig mit dem Tod zu beschäftigen. Bis dahin meint man, daß etwas anderes der Mörder sei, nicht er. Und dazu kamen noch die historischen Ereignisse. In der Mittelschule bin ich mehrmals in mehreren Fächern durchgeflogen. Nach einer Ersatzprüfung ging ich einfach aus der Schule raus. Hätte ich die nächste Ersatzprüfung auch noch gemacht, hätte man mich, das wußte ich, vielleicht aus Erbarmen bestehen lassen, und dann hätte ich dieses elende Leben weiterführen müssen, das elender war als alles. Ein Interesse zeigen, von dem nicht einmal ein Funke vorhanden war. Ich hatte keine Kraft mehr. Im Flur war es dunkel, draußen aber schien die Sonne.

Ziemlich seltsam, wie sich diese Muster gleichen. So, wie du jetzt davon gesprochen hast, ist mir klargeworden, daß diese ganze Einschulung in das Leben, dieser ganze Versuch, ein Kind zu bändigen... rätselhaft. Ich finde überhaupt keine Antwort darauf. Wie kommt es, daß man sich selbst als Außenseiter fühlt? Und wieso spürt man, daß man nicht zu den anderen gehört? Auch für mich war die Schule etwas Unverständliches. Ich verstand nicht, wozu sie da war; ich hielt sie für etwas Gewaltsames. Und um zu schützen, was ich war – obwohl: woher sollte ich wohl wissen, wer ich war? –, kroch ich in mein Loch zurück. Man hilft sich mit dem kleinen Verstand, mit dem man halt ausgerüstet ist. Man imitiert, äfft nach, spielt, geht den Dingen mit seinen mimischen Fähigkeiten nach, aber ganz mechanisch und ohne jegliche Überzeugung, ohne dabeizusein und ohne irgend etwas von dem zu verstehen, was zu verstehen wäre. Ich blieb an der Oberfläche der unverständlichen Dinge stecken. Als wir in der ersten Klasse rechnen lernten, saß die Lehrerin, eine strenge, ältere Dame, auf dem Katheder und zeigte uns Äpfel, einen nach dem anderen, ein Apfel und ein Apfel.

Sind zwei Äpfel.

So viel verstand ich. Zwei Äpfel. Doch dann schlugen wir unsere Schulbücher auf, um vom Konkreten ins Abstrakte zu gehen... ganz unerwartet waren die Äpfel weg, an ihrer Stelle Zahlen. Diesen Schritt konnte ich mit meinen Kameraden nicht mehr mit vollziehen. Da standen in langer Reihe die gedruckten Zahlen: eins und drei, zwei und fünf. Wir sollten sie addieren, es waren keine Äpfel mehr, und die Summe ins Buch einschreiben. Vom Ganzen verstand ich nur, daß wir nicht über zehn hinausgingen; weiter als zehn konnten wir nicht zählen. Wir bekamen Hausaufgaben, und mit diesen schwarzen Zahlen auf dem weißen Papier konnte ich überhaupt nichts anfangen. Doch ich wußte ja, daß es nicht mehr als zehn sein konnten, da wir ja nur bis zehn rechneten. Ich schrieb nach Belieben Zahlen in die Lücken, sämtliche unter zehn. Wochenlang ging ich so zur

Schule, unfähig, diesen Riesensprung vom Konkreten zum Abstrakten nachzuvollziehen, konfrontiert mit dem Zwang, der aus mir das Kind austreiben sollte. Zum erstenmal mußte ich jenen Abgrund überbrücken, der zwischen der Welt und dem Bild der Welt klafft. Ich konnte es nicht tun. Ich habe nur etwas vorgespielt.

Und klappte es wenigstens teilweise? Oder klappte es ganz?

Es war das totale Fiasko, aber hin und wieder habe ich doch das Richtige getroffen. Das amüsanteste daran ist jedoch, daß weder meine Eltern noch die Lehrerin mein System entdeckten. Sie kamen nicht dahinter, konnten nicht merken, wann und wo ich keine Ahnung hatte, da ich ja ab und zu, durch Zufall, auch korrekte Lösungen vorweisen konnte. Sie suchten nach einer logischen Erklärung, während mein Verhalten nicht logisch war. Es war Schauspielerei.

Später hast du dann die Mechanik der Spielregeln hübsch gelernt.

Klar. Aber damals habe ich wohl gespielt, um mich zu schützen. Eigentlich wußte ich nicht, wohin das Ganze führen würde und wozu ich so etwas spielen muß.

Ich hatte etwas später – ich war etwa zwölf – ein ähnliches Erlebnis. Zoltán Kodály besuchte unsere Schule und forderte uns auf, nach Noten zu singen. So klein man auch ist, man möchte doch wissen, was man warum tun muß. Für mich aber blieb es ein Rätsel, worauf dieses Spiel hinaus sollte. Ich hatte ein gutes Ohr, sang gut mit meiner Sopranstimme, und wenn man nun einmal auch nach Gehör singen kann, was sollen dann diese Notenköpfe, das verstand ich nicht. Höchstens bewunderte ich, daß andere nach diesen Büchern geigen oder Klavier spielen konnten. Und dann forderten sie mich auf, ich solle, da bitte, dieses Lied da vom Blatt singen, obwohl ich von dem Ganzen nicht eine einzige Note verstand. Ich war wie ein Tier, das in eine Falle geraten ist. Ich kannte die Melodie, ich wußte, daß die Töne je nach Höhe und Tiefe irgendeinen Namen hatten, ich hatte sogar davon eine Ahnung, in welcher Reihenfolge diese zu den Tönen gehörigen Namen auf der Notenskala angeordnet sind, doch konnte ich dieses Wissen mit nichts verknüpfen, und deshalb ging es nicht. Ich verstand es weder, wenn ich mechanisch die nachahmte, bei denen es ging, aber mein Gehirn versagte auch dann, wenn ich bemüht war, mich auf mein Gefühl zu verlassen. Und dann war da dieser würdige, gefürchtete kleine alte Herr, der nach einer unerforschlichen Laune des Schicksals ausgerechnet auf mich zeigen mußte: na, bitte, mach mal. Machte ich es schlecht, wäre der gute Ruf der Klasse, der ganzen Schule dahin, und die ganze Gesellschaft würde zusammenbrechen. Ich war in die Falle gegangen, benahm mich wie ein Tier in der Falle, das nichts außer seinen Instinkten besitzt. Ich wartete darauf, daß sie mich nun endgültig aus jeder erdenklichen Schule ausschließen würden. Ich wäre auch nicht erstaunt gewesen, wenn mir die Decke auf den Kopf gestürzt wäre. Es geschah aber gar nichts. Niemand sagte ein Wort. Niemand korrigierte mich, es sagte aber auch niemand, es sei richtig. Weder Kodály noch mein verkrampfter Gesangslehrer. Es kann sogar sein, daß mein Gefühl siegte. Ich weiß es heute noch nicht. Oder vielleicht war im Gegenteil mein Unwissen so katastrophal, daß sie nichts dazu zu sagen hatten. Dann aber hätte nach der normalen Logik des Lebens der Gesangslehrer mir gewiß sein Vertrauen entzogen, doch auch das geschah nicht. Nach wie vor sang ich im Chor Solo, und er freute sich über meine Stimme. Es war ein Rätsel. Es gehört zu den Ereignissen, die eine allgemeine Beklemmung in einem verstärken. Daß man die Geschehnisse des eigenen Lebens nicht mit dem Verstand erfassen kann.

Ich erfaßte die Konstruktion des Lebens nur langsam. Mein Lieber, sie ist doch auf einen gräßlichen Betrug gegründet. Auf dem Friedhof läuft sich jede Tätigkeit leer. Über die Jahre bin ich immer wütender auf den großen Schöpfer geworden, diesen großen Architekten, der so unbarmherzig ist. Von einem so mächtigen Schöpfer könnte man doch wirklich erwarten, daß er die Dinge zumindest umkehrt, so daß man aus dem Grab geboren werden könnte, um dann von Jahr zu Jahr in einen immer unschuldigeren und kindlicheren Zustand zu kommen, schließlich im Schoß einer Frau verschwindend. Das wäre schön. Meiner Meinung nach wäre es so viel schöner.

Und so würde es mit Liebemachen aufhören.

Es käme zu einem ganz innigen Liebemachen. Man würde in eine Frau hineinschlüpfen: Wasser, Wärme, Nähe; Fleisch im Fleisch. Nicht Staub und Asche sollte es sein.

Ja, Richard, aber dann sprichst du von einem Wunschbild vom Leben und nicht von dessen wirklichem Prinzip. Du hast da den Schein erwischt und deine eigene Sehnsucht. Ich glaube nicht, daß das Prinzip des Lebens mit solchen Sehnsüchten zu erreichen ist. Du sprichst zwar ziemlich realistisch, aber es ist nicht genau genug, was du sagst.

Ich frage nicht nach dem Prinzip des Lebens.

Sondern?

Nach einer besseren Inszenierung.

Na klar. Aber worauf würde sich, auch so, die Frage beziehen, wenn nicht auf das Prinzip?

Nicht unbedingt. Denn wenn es ja auf jeden Fall endet, dann ist die Grenze dort, wo der Verstand aufgeben muß. Doch eine bessere Inszenierung, wie bei einer Theateraufführung, wäre trotzdem möglich und schöner. Daß etwas wird aus Staub und enden kann im feuchten, warmen Mutterleib.

Das wäre dann ein anderes Theaterstück.

Eine andere Inszenierung oder ein anderes Theaterstück wünsche ich mir eben, ja.

Suchst du also vielleicht doch ein Theaterstück, das einen Sinn hat? Und hat vielleicht für dich nur jenes Gefühl Sinn, von dem du jetzt so überzeugend sprichst?

Sein Sinn interessiert mich nicht.

Und wenn es nun einmal keinen Sinn hat?

Auch so wäre es unverständlich, aber schön. Vielleicht wäre es schonungsvoller.

Aber auch so wäre es nicht logisch. Denn nehmen wir mal an, gut, es wäre so. Wie gelangen wir jedoch in diesem Kreislauf zu dem Grab, aus dem wir geboren werden sollen? Wenn wir am Schluß in den Mutterleib kämen, wie gelangten wir dann von dort ins Grab?

Du wirst im Grab geboren, dort fängst du an. Das wäre, was wir heute Geburt nennen. Vielleicht würden wir feierlich zum Friedhof gehen, um jemanden von dort mitzunehmen.

Dann wüßten wir über die Geburt so wenig, wie wir jetzt über den Tod wissen.

Das würde mich nicht stören.

Und wie dich das stören würde! Warum sollte es dich nicht auch in diesem Fall stören?

Wäre es nicht vernünftiger, wenn wir im Lauf der Jahre immer kräftiger und fröhlicher werden könnten, und dann stünde da als Krönung die Jugend, die schöne Jugend?

Ich kann mir nicht nur ein solches Leben nicht vorstellen, sondern bin auch unfähig einzusehen, inwiefern es so vorteilhafter wäre.

Du hast zuwenig Phantasie dafür, Péter.

Ja.

Wäre es nicht schön, so reden zu können: Wie schrecklich war das Leben, als ich an der Gicht litt, unter Gedächtnisschwund und zu kraftlos zum Liebemachen war, doch jetzt, da ich mich dem Ende meines Lebens nähere, bin ich jung geworden! Und werde schließlich ein Kind sein.

So etwas fällt mir vielleicht deswegen nie ein, weil meine Kindheit viel schrecklicher war als mein Erwachsenendasein. Ich erinnere mich nicht einmal gerne daran, weil ich mich dann an das völlige Ausgeliefertsein erinnern müßte. Obwohl ich wirklich in angenehme familiäre Verhältnisse hineingeboren wurde, meine Eltern liebten sich und liebten mich. Braucht es etwas Besseres? Bis zu dem Augenblick, da eine Reihe von Katastrophen meine Familie einkreiste, hätte ich mich eigentlich in völliger Sicherheit fühlen können. Doch schon zuvor hatte ich mein

Bedrohtsein gespürt: daß alles geschehen konnte. Ja, das ist wirklich so. Die Erwachsenen fassen das Unbewußte beziehungsweise das vorbewußte Wissen von Kindern als etwas eindeutig Positives auf. Weil sie später so schnell wie möglich das beträchtliche Quantum schlechter Vorahnungen und Leiden vergessen, die das vorbewußte Wissen in einer bewußt organisierten Welt auslöst. Und sie schreiben ihre Vergangenheit nach dem bewußten Anspruch des Bedürfnisses zu vergessen um. Sie machen sie nachträglich zum Paradies. Das aber ist eine Lüge. Warum soll ich... da ich nun einmal verstehe, was ich damals nicht verstand, und da ich jetzt, mit meinem organisierten Gehirn, genausoviel Leiden ertragen muß, warum soll ich dann nicht das Leiden, das ich damals ertragen mußte, betrachten und besser erkennen?

Gut, wie du meinst. Hjalmar Söderberg sagt: Jetzt bin ich alt und bin glücklich; die Jugend war jämmerlich und schrecklich.

Ich wollte ficken. Aber ich wußte nicht, wie man das macht, und das war eine fürchterliche Qual. Wer weiß wie viele Jahre habe ich mich damit herumgequält.

Jetzt weißt du, wie man's macht, aber du hast nicht mehr dieselbe Kraft wie früher.

Kraft dafür habe ich, aber selbst das Ficken interessiert mich nicht mehr so stark wie früher. Das ist ein nicht weniger wertvoller Zustand. Seine Gefühle will man in ihrer ganzen Schönheit und Tragweite so lange manifestieren, wie man ihre Beschaffenheit nicht kennt. Dieses Manifestieren ist als Instinkt in uns ebenso einprogrammiert wie die Neugier nach der Beschaffenheit. Doch die Manifestation von Schönheit und Tragweite funktioniert auf einer weniger strukturierten Ebene der menschlichen Existenz als die Neugier, die sich mit der Beschaffenheit oder Qualität derselben Sache befaßt. Warum sollte ich also ein Funktionieren, das seine Kraft daraus gewinnt, daß es nicht über Selbstreflexion verfügt, als übergeordnet oder als positiver betrachten? Wird die menschliche Existenz nicht dadurch strukturiert, daß sie ihr eigenes instinktives Funktionieren durchschaut?

Ja.

Aber ich frage doch.

Die Frage ist zu kompliziert.

Zweiter Tag

Ich möchte auf deine Prager Jahre zurückkommen. Ich habe eine ganze Menge darüber erfahren, wie du dich von deiner Familie getrennt hast, wie deine Bindungen sich lösten beziehungsweise in welchem Zustand du aus Schweden weggegangen bist. Du hast auch etwas darüber gesagt, was du in Prag gemacht hast. Doch was ist dort mit dir geschehen, das dann deiner ganzen späteren Laufbahn eine so gerade Richtung gab?

In Prag? Und danach?

Ja.

Wie hätte ich mich je wieder von diesem Teil Europas trennen können?

Obwohl du es probieren wolltest, als du versucht hast, dich in Paris niederzulassen.

Ich fürchte, ich kann darauf nur mit Hinweisen oder vielleicht mit schlichten Platitüden antworten. Was ist es, das ich in Prag entdeckt haben soll? Gewiß alles Dinge, die ich auch in Schweden hätte entdecken können, wenn diese Dinge auch im Westen nicht in gleichem Maß vorhanden sind. Zum Beispiel entdeckte ich einen Sinn in dem Zwang, den die gegebenen Umstände ausüben, was hier direkt auf den Leib geht. Ich entdeckte ein Leben, das eben durch die Begrenztheit der Möglichkeiten nicht so begrenzt ist, wie mir das Leben zu Hause zu sein schien; dann die Möglichkeit zu mehr Konzentration, die sich aus dem Mangel ergibt, aus dem Mangel an anderen Möglichkeiten, sich zu amüsieren und zu zersplittern. Ich entdeckte ein Leben, das nackter ist, mehr ausgeliefert, doch im besten Fall gerade deswegen innerlicher und vielleicht vergeistigter. Natürlich muß man dabei meine Stellung berücksichtigen, die Stellung eines Privilegierten. Wenn ich gewollt hätte, hätte ich mir vieles erlauben können, doch im Grunde genommen war ich selbst unberührbar. Ich konnte jederzeit weggehen, den Zug besteigen, nach Hause fahren.

Was deiner Einstellung sehr entsprach.

Der Stellung des Verneinenden und Außenstehenden entsprach es in der Tat. Wenn es in Prag hart auf hart gekommen wäre, wenn es besser gewesen wäre, unterzutauchen, wenn meine Situation zu heikel geworden wäre, hatte ich die Möglichkeit, die Bühne durch den Seitenausgang zu verlassen. Heute halte ich das für bedenklicher als damals. Heute bin ich strenger.

Wie läßt sich Strenge verstehen?

Ich meine die Bequemlichkeit jener Stellung. Ich habe es mir bequem gemacht. Ich konnte jederzeit aussteigen, mich der Verantwortung entziehen. Einer Verantwortung, die ich damals zu allgemein und äußerlich faßte, die ich heute jedoch anders verstehe: als höchst konkrete Verantwortung dafür, was in meinem eigenen Leben geschieht. Diese Verantwortung wurde durch die Stellung, die ich gewählt hatte, aufgehoben. Und nicht nur die Verantwortung, die mein eigenes Leben betraf, sondern mindestens ebenso die Verantwortung in bezug auf die anderen. Als Westmensch, wenn ich so sagen darf...

Du darfst so sagen, aber ich werde diesen Ausdruck trotzdem verabscheuen.

Er ist, bitte, als Provokation gemeint. Also, als Westmensch war ich gefragt und populär. Alles war für mich eine leichte und einfache Sache. Ich durfte mir nicht nur mehr erlauben als die anderen, ich hatte einfach die besseren Lebensbedingungen. Und ich spreche nicht nur von den materiellen Bedingungen, sondern viel eher von dem besonderen intellektuellen und, ja, physischen Status, der sich aus meiner Situation ergab. Nie früher oder später im Leben waren mein Kopf und mein Schwanz so gefragt. In allerlei wichtigen Fragen wurde meine Meinung beinahe im voraus als übergeordnet angesehen, wofür wirklich nichts sprach. Ich übte auf die Menschen dort eine stärkere erotische Anziehung aus als zu Hause; ich war ja ein Fremder, aber nicht nur ein

Fremder, sondern ein Fremder aus dem Westen. Das war sehr verlockend und bequem, selbst dann noch, als ich mich deswegen einigermaßen unbehaglich fühlen mußte. Das erotische Spiel wurde verworren. Ich wußte nicht immer genau, was diese Frauen eigentlich von mir wollten. Mein Ich, meinen Körper, meinen Paß? Oder hatten sie in mir irgendeine unbekannte Möglichkeit entdeckt? Selbstverständlich glaubte ich, ein genügendes Quantum Intelligenz zu besitzen, um fähig zu sein, die Motive von mir Nahestehenden einigermaßen zu durchschauen. Ich glaubte an die Möglichkeit der Beobachtung und des Unterscheidens; ich glaubte, daß ich feststellen könnte, inwiefern sich ihr Interesse auf mich bezog und inwiefern auf das, was ich als Fremder, als Westmensch repräsentierte. Aber mit der Zeit wurde ich skeptischer. Wie sollte man diese Grenzen feststellen können, wenn nun einmal die Menschen, die mir Zuneigung oder Interesse entgegenbrachten, vielleicht selbst nicht wußten, wo in ihrer Beziehung zu mir diese Grenzen waren? Das hat mich dann mit der Zeit sogar etwas mißtrauisch gemacht. Zuerst wurde ich ihnen gegenüber mißtrauisch, später jedoch eher mir selbst gegenüber. Was tue ich, was mache ich hier? Verstecke ich mich? Genieße ich heimlich die Sorgen, das Leiden anderer? Anderer, an deren Leben ich trotz alledem nicht teilnehme, nicht teilnehmen kann? Und wenn ich mich so verhalte: ist es dann nicht unmoralisch, nicht unanständig? Und noch etwas – es war, als sei die Zeit aufgehoben! Alles, was da ist, um dein Leben zu gestalten, war aus der Zeit dieser Menschen herausgequetscht wie der Kern aus der Frucht; dann kriegtest du diese Zeit zurück und konntest mit ihr machen, was du wolltest. Als Ostmensch hast du viel mehr Zeit denn als Westmensch, bloß weißt du nicht so genau, was damit tun. In Wirklichkeit kannst du damit überhaupt nicht viel anfangen, außer in ihr aufzugehen. Dies schien mir am Anfang sehr verlockend. Nichts passierte, nichts konnte dir passieren, und diese Geborgenheit erlebte ich ausgerechnet in Prag zum erstenmal. Dann aber erschrak ich. Wo war mein Leben geblieben? Die Zeitungen meldeten, daß die Ernte soeben angefangen oder beendet worden war, daß die Sitzung der höchsten Parteigremien fortgesetzt wurde, daß ein hoher Gast gekommen und wieder abgereist war, und ich verstand, daß sich mein Leben ewig so fortsetzen würde, nichts würde sich ändern, so und nicht anders sah das Leben hier aus, es mußte so aussehen, und gleichzeitig zerfloß mein eigenes Leben. Also, so ging es nicht: Ich mußte mich von neuem retten.

Gestern sagtest du, du habest dich durchs Spiel gerettet: durch Schauspielerei und durch Ballspiel. Und wodurch jetzt? Worüber du jetzt sprichst, sind eher Dinge moralischer Natur, während die früheren eher existentiellen Charakter hatten. Was konntest du in diesem Fall tun, wie und womit hast du dich aus diesem Schlund gerettet?

Kläglich. In Prag hatte ich bei einer Frau Erwartungen geweckt. In diesem Lebensalter passiert so etwas; ich war sechsundzwanzig. Unter normalen Umständen gehört es wohl zum erotischen Spiel. Die Rollen sind vorgegeben, die Frau, die auf eine Bindung aus ist, und der Mann, der die Sache nicht so ernst nimmt oder eben hochstapelt. Und dann wird nichts daraus. Höchstens, daß Tränen fließen, ihre Wege trennen sich fein säuberlich, oder es endet mit einem Krach, was auf dasselbe rauskommt. Unter normalen Umständen ist dieses Spiel ein Teil der Normalität. Nur daß es in diesem Fall nicht so war, und als ich merkte, daß es nicht so war, war es schon zu spät. Ich litt lange, auch später noch lange daran, daß ich dieser Situation moralisch nicht gewachsen war. Als ich sah, daß diese Frau und ihre Familie... denn auch ihre Familie insistierte, wirklich, ich muß es so sagen, weil es so war; als ich also sah, daß ich in die Ecke gedrängt war, beendete ich schnell mein Studium und rettete mich dadurch, daß ich nach Hause reiste. Doch war diese Heimkehr nicht nur von dieser Frau erzwungen, es war nur Teil eines viel breiteren und komplexeren zwanghaften Ganzen; alles drängte in dieselbe Richtung.

Wenn du in Schweden in eine ähnliche Situation geraten wärst, hättest du diese Lösung dann auch als moralische Niederlage empfunden? Oder hättest du dich dann gar nicht so viel mit Moral beschäftigt?

Nein, gerade das sage ich ja. Dort hätte ich das nicht als eine moralische Niederlage auffassen können. Die Moral dieser banalen Situation gründete ja gerade in der Konfrontation zweier Welten. Der Abgrund zwischen den beiden Welten bestimmte mein Verhalten, er bewirkte mein schlechtes Gewissen, und daraus ergab sich auch meine Niederlage. Es war eine Niederlage, die es zu Hause nicht in gleicher Weise gewesen wäre; dort nämlich hätte das Ganze das Spiel zweier Personen bleiben können, die unter gleichen Bedingungen leben, in derselben Welt.

Ja gut, die Möglichkeit sozialer Spannungen ist aber auch dort nicht auszuschließen.

Schön, es kann sein, daß ich die Situation überzeichnet habe. Dennoch glaube ich, daß die Unterschiede zwischen den beiden Welten nicht nur materieller und intellektueller Natur, sondern daß sie viel tiefer verwurzelt sind, in unseren innersten Schichten, wo wir immer wieder mit der Frage der Moral konfrontiert werden. Oder ist es so unverständlich, was ich sage?

Es ist verständlich, sehr sogar. Ich ziehe deshalb ein so dummes Gesicht, weil ich nachdenke. Ich denke darüber nach, ob es wohl fruchtbar wäre, wenn ich dir jetzt ein Geständnis machte. Und wenn ich es, schweren Herzens, täte, ob wir dann vielleicht klarer über diese Fragen sprechen könnten oder im Gegenteil beide in Verlegenheit gerieten und sich damit auch noch das trübte, was bis jetzt klar schien? Es muß sein. Nun, soweit ich Gelegenheit hatte, deine Tätigkeit zu beobachten, ja, manchmal sogar daran teilzunehmen, habe ich dich stets bewundert. Versteh es wörtlich, ich bewunderte dich. Es schien, als verfügtest du nicht nur über genügend Informationen, was diesen Teil Europas betrifft, sondern als fühltest du auch all das, was die Menschen hier fühlen. Als fühltest du das, was sie für das normale Empfinden halten. Und kann man es für etwas anderes halten, wenn es nun einmal fühlbar ist? Diese natürliche Empfindungsfähigkeit hat dich in meinen Augen schon immer wohltuend von deinen Kollegen unterschieden, denen sie auf ebenso natürliche Art abgeht. Allenfalls versuchen sie, sich in etwas hineinzufühlen, das sie verstehen sollten, doch in Wirklichkeit beobachten sie das unverständliche Benehmen dieser Wilden mit größtem Befremden. Auf dieses Geständnis möchte ich meine Frage gründen. Ich habe vorhin sogar darüber nachgedacht, ob man eine so primitive Frage überhaupt stellen kann. Aber warum nicht? Ich frage dich also, ob nicht all das, was moralisches Verantwortungsbewußtsein genannt werden kann, diesem Erlebnis entspringt. Daß du nicht nur diese Frau enttäuscht und ihre Familie irregeführt hast, sondern vor allem über dich selbst enttäuscht warst, weil du auch von deinen eigenen Standpunkten her die Situation nicht moralisch hast lösen können.

Ja, das denke ich auch. Es war ein sehr schmerzliches Erlebnis.

Und wenn du so denkst, wärst du dann einverstanden mit der Folgerung, daß dich dieses schmerzliche Erlebnis dennoch zu bestimmten bürgerlichen Traditionen zurückgeführt hat, mußtest du doch deine moralische Verantwortung formulieren.

Würdest du das Bürgerliche so definieren?

Ich muß mein Leben nach bestimmten moralischen Prinzipien führen. Und diese moralischen Prinzipien sind in einem Verantwortungsbewußtsein begründet, das mich und andere gleicherweise betrifft.

Wenn du es so definierst und auf diese Grundlage stellst, so kann ich es unterschreiben.

Und doch sind bei dir Zweifel und Mißtrauen zu spüren, wenn ich von bürgerlichen Prinzipien spreche.

Weil für mich das Bürgerliche – wohl aufgrund meiner persönlichen Erfahrungen – eher etwas Pejoratives bedeutet. Erst mit der Zeit bin ich dahin gelangt, jene vorteilhaften Züge des Bürgerlichen zu entdecken, die auch mir zusagen. Aber die Dinge, von denen du sprichst, kann man wohl nicht ohne weiteres mit

Bürgertum oder bürgerlichen Prinzipien gleichsetzen. Ich glaube, dieses Verantwortungsbewußtsein ist doch, historisch oder soziologisch gesehen, eher der Aristokratie zuzuschreiben. Doch ich möchte es nicht einmal im gesellschaftlichen Sinn fassen; ich würde darüber nicht in soziologischen Kategorien sprechen, wie du es tust; ich könnte es nicht. Für mich ist es eher eine Kategorie des Herzens.

Das Herz, entschuldige schon, fühlt keine Verantwortung.

Das würde ich nicht behaupten. Es gibt sicher Situationen im Leben, in denen das Herz durchaus Verantwortung fühlt.

Wenn es so wäre, hätte sich die Weltgeschichte zumindest teilweise anders entwickelt.

Dazu äußere ich mich nicht.

Wie bescheiden!

Die Fakten der Weltgeschichte sehen so aus, wie sie aussehen, weil das Herz dabei zu wenig beteiligt war.

Eben das sage ich ja. Trotzdem sprichst du von Verantwortung als von einer des Herzens. Als würde es die Geschichte nicht geben. Oder wenn es sie gibt, als gäbe das Herz den Takt an. Ich jedenfalls sehe keine Veranlassung, so etwas zu glauben. Denn ich habe meine eigene Geschichte eben als Opfer geschichtlicher Utopien gelebt, und deshalb gibt es nichts, was mich mehr befremdet als die Vorstellung von Geschichte als einer mit menschlichen Mitteln zu gestaltenden, sei das Gestaltungsmittel nun das Herz oder der Verstand. Aber sollten wir nicht an diesem Punkt einhalten? Sollten wir uns nicht genauer ansehen, warum wir gerade in diesem Punkt aneinandergeraten sind? Ist es nicht so, daß wir unter den Begriffen «Bürger», «bürgerlich», «Bürgertum» je etwas ganz anderes verstehen? Wie es auch wahrscheinlich ist, daß für dich Geschichte nicht nur die schmachvolle Anhäufung blutiger Gewalttaten bedeutet, wie für mich, sondern daß du vielleicht auch alternative Möglichkeiten zu eben diesen Taten siehst. Wobei unsere Begriffe den gleichen Ursprung haben müssen, allein schon deshalb, weil sie keinen dritten, ja, nicht einmal einen zweiten Ursprung haben. Gerade das ist es, was mich interessiert. Vielleicht sprechen wir endlich darüber, worüber wir sprechen sollten. Es würde mich interessieren, wieso ich zum Beispiel das Bürgerliche oder das Bürgertum als etwas eindeutig Positives auffassen sollte, obgleich ich weiß, daß es für dich mit einer Unzahl negativer Inhalte beladen ist.

Weil du auf das aus bist, was hier in Ungarn nicht vorhanden ist. Auf das, was hier zunichte gemacht worden ist und das Leben besser, schöner, verantwortungsvoller oder moralischer hätte machen können.

Wie könnte ich auf etwas anderes aus sein? Auch ich kann auf nichts anderes aus sein als das, worauf das tschechische Mädchen aus war. Und gerade daraus folgt, daß du dich in Prag nur darum überlegen fühltest, weil du überlegen warst. Du hattest nicht teil an den Umständen, von denen dieses Mädchen sich befreien wollte, sie dagegen konnte sich nach nichts anderem sehnen als nach den Umständen, an denen du teilhattest.

Ja.

Selbstverständlich.

Aber wonach sehnte sie sich wohl?

Diese Frage mußt du beantworten.

Ich nehme an, daß sie mich liebte. Doch sie sehnte sich auch nach etwas, dessen Verkörperung ich in ihren Augen war: nach Reichtum, von ihrem Gesichtspunkt aus, nach Freiheit, von ihrem Gesichtspunkt aus, nach Bewegungsmöglichkeit und Leichtigkeit, also nach lauter Dingen, die wir im europäischen Sinn des Wortes das «normale Leben» nennen können. Von ihrem eigenen Gesichtspunkt aus nahm sie gewiß nicht grundlos an, daß ich diese Dinge repräsentiere. Ein solches «normal» zu nennendes Leben jedoch ergibt sich einerseits nicht von selbst, andererseits läßt es sich weder leichter noch eleganter mit Moral und moralischen Kriterien verknüpfen als ein Leben, in dem das Vorgestellte entweder nicht vorhanden ist oder vorhanden sein kann. In meiner Situation wurde eben das gezeigt, und zwar mit ziemlicher Schroffheit. Ich konnte ihr Reichtum, Freiheit, alles anbieten, aber moralisch erlitt ich eine Schlappe.

Weil du nicht entscheiden konntest, wem oder was ihr Interesse galt, dir selbst oder einfach der Person, die bestimmte Dinge repräsentiert. Man hat es nicht gern, als eine Sache angesehen zu werden. Andererseits wurdest du in ihren Augen zu jemandem, der a priori höher steht, was dann aber Gegenseitigkeit ausschließt.

Nein, nein.

Oder es ging ganz einfach darum, daß dieses Mädchen dich mehr liebte, als du sie liebtest. Ich glaube nicht, daß es noch eine andere Version geben kann.

Das letztere stimmt wohl. Für mich war es nichts anderes als eine Liebelei, ich dachte mir nicht viel dabei. Ich war mir unbewußt, aber eindeutig sicher, daß ich für eine Ehe noch nicht bereit war. Es war ja eher eine banale Geschichte. Wenn wir sie aus ihrem Zusammenhang lösen würden, wäre sie in der Tat banal, und wir könnten sagen, «du böser Knabe», aber wir könnten auch sagen, «du dumme Gans». Damit wäre die Sache erledigt: Solche Geschichten gibt es zahllose auf der Welt. Doch ich habe den Unterschied zwischen den beiden Welten nicht in Betracht gezogen, und ausgerechnet an diesem Punkt verknüpfte sich die Moral mit unserer Geschichte. Wenn ich nämlich schon einmal in einer privilegierten Situation bin, kann ich jemandem, der nicht in einer privilegierten Situation ist, so etwas nicht antun. Und das weiß ich nicht deshalb, weil ich aus dem Westen komme, und nicht deshalb, weil ich ein Bürger bin, sondern das weiß, weil ich das spüre, ich weiß es, weil ich der bin, der ich bin. Zu dieser Einsicht ist, glaube ich, jeder Mensch fähig. Zu einem solchen Verantwortungsgefühl – ich sage das, obwohl ich selbst versagt habe und nur langsam, vielleicht nicht einmal so langsam, aber doch zu spät, etwas Besseres begriff – zu einem solchen Verantwortungsgefühl, scheint mir, kann jeder überall gelangen. Unter Umständen, die du vielleicht mit Bürgertum in

Verbindung bringen würdest, ist das sicher einfacher und leichter als inmitten von Umständen, wo das Bürgertum nicht viel zu sagen hat, wo alles zerschlagen, uniformiert und proletarisiert ist. Das stimmt. Die Umstände können uns zu Hilfe kommen, aber das muß nicht unbedingt so sein. Es kann auch gerade umgekehrt sein: Wo das Bürgertum übertriebene Formen annimmt, in einen öden Materialismus ausartet, da können wir ziemlich sicher sein, daß auch Verantwortung sehr schnell verkümmert. Ebenso schnell, wie unter Umständen, in denen der schreckliche Kampf gegen den materiellen und geistigen Mangel Voraussetzung jeglicher Verantwortung sein muß.

Ich glaube, eben das wäre die Schlüsselfrage für uns. Und in diesem Zusammenhang hast du eine sehr wichtige Äußerung gemacht. Du hast gesagt, weil ich der bin, der ich bin. Anhand dieser Aussage läßt sich die ganze Problematik besser durchleuchten oder überblicken. In den Gesellschaften, in denen wir leben, das tschechische Mädchen und etwa ich, hat eine Denkweise, deren letztes Ziel und höchste Instanz das mit sich selbst identische Ich ist, nicht die gleichen Möglichkeiten, oder sind diese Möglichkeiten zumindest nicht in so wohlstrukturierten Formen präsent, wie in der Gesellschaft, in die du hineingeboren wurdest. Obwohl du gerade deshalb ausgetreten, aus jener Gesellschaft geflohen bist, um dich selbst zu finden, hast du doch nur in dieser anderen Gesellschaft und durch das Versagen deiner Moralvorstellungen oder eben im Versagen deine Identität gefunden.

Wie anders könnte ich mein Ich finden als eben durch eine Niederlage?

Auch ich glaube nicht, daß es anders zu finden ist. Eine Niederlage ist eine Niederlage, in diesem Sinne existieren keine Grenzen zwischen den beiden Welten, und die Moral wird weder hier noch da von den gesellschaftlichen Umständen, sondern vom Verhalten in der Gesellschaft bestimmt. Darin muß ich dir recht geben. Nur Technik und Methode sind verschieden, der moralische Gehalt des Verhaltens muß dagegen unabhängig von Grenzen und Umständen, ja, von den Techniken und Methoden unseres Strebens bleiben. Aber reden wir jetzt nicht von den extremen Fällen, nicht von denen, die stark und begabt genug sind, das zu erkennen, sondern eher von denen, die sich nach der anderen Hälfte Europas sehnen, weil diese anderen Techniken und Methoden in ihrem Gesichtsfeld erscheinen wie einem Ertrinkenden das rettende Seil. Wenn ich in dieser gleichgeschalteten Welt meine Persönlichkeit nicht verwirklichen kann, dann ist da jene andere, in der ich sie natürlich verwirklichen könnte. Nur ist in diese reale Sehnsucht nicht die für beide Welten gleicherweise bezeichnende Eigentümlichkeit mit einkalkuliert, daß ich mein Ich auch dort nur über eine gut durchgekaute und ordentlich hingenommene moralische Niederlage erkennen oder finden kann. Was ich hier umgehen möchte, erleide ich dort. Worüber ich hier gelogen habe, muß ich dort eingestehen. Ich sage, gut, hier halte ich es nicht mehr aus, gehe ich dorthin, aber diese Eigentümlichkeit wird in die Vorkalkulationen nicht einbezogen...

Und dann erscheint sie als Katastrophe.

Ja, die Katastrophe ist so oder so nicht zu vermeiden. Wer behauptet, sie vermieden zu haben, hat sich höchstens selbst ganz schön hereingelegt und in seinen leichtgläubigen Mitmenschen unbegründete Hoffnungen geweckt. Doch wenn wir schon so weit gekommen sind, möchte ich dich fragen... ich habe mir ein paar Begriffe auf dieses Papier notiert: Sie sind nicht absichtlich in diese Reihenfolge gebracht, aber meine Bitte ist, daß du unter ihnen die auswählst, die dir wichtig sind: Freiheit, Liebe, Glaube, Gleichheit, Wissen, Beschäftigung, Glück, Freundschaft.

Das ist zuviel auf einmal, aber ich denke...

Denk gar nichts. Sag mir, welche von diesen vielen Begriffen dein Hirn zuerst fixiert? Zu welchen hast du als erstes Assoziationen?

Ich glaube, die Antwort wird leicht sein; man braucht nur einen Blick auf die eigene Biographie zu werfen. Die Freiheit war das Wichtigste, auch wenn ich sie in Form der Verneinung erlebte:

als Möglichkeit, nein zu sagen und auszusteigen. Das ist eine von kalten Lüften durchwehte, über Negation definierte Freiheit. Doch die Freiheit steht für mich trotzdem am Anfang. Dennoch habe ich sie über die Negation erreicht, und so muß ich sie durch einen anderen der auf deiner Liste figurierenden Begriffe, nämlich durch die Freundschaft, für mich aufwärmen. In der Freiheit, dieser einsamen und kalten Freiheit, ist sie mir zum Bedürfnis geworden. Weil «Ja» ein schöneres Wort ist als «Nein». Die Freundschaft war mir ein kleines Reisigfeuer in der Kälte; so viel konnte ich tun. Die anderen Begriffe, die du aufgezählt hast...

Gleichheit zum Beispiel.

Damit kann ich wirklich nichts anfangen.

Seit der Französischen Revolution hat auch die Geschichte nicht viel damit anfangen können. In letzter Zeit bin ich zu der Überzeugung gelangt, daß die einzelnen Teile der Dreierlosung der Französischen Revolution wahrscheinlich gar nicht getrennt voneinander zu verwirklichen sind. Ohne Gleichheit gibt es keine Freiheit, und ohne Freiheit gibt es keine Brüderlichkeit. Und von diesem Gesichtspunkt fand ich es recht interessant, als du sagtest, du habest hier in unseren Breitengraden die Wärme der Freundschaft gefunden. Du behauptest, hier eine Vertrautheit gefunden zu haben, die du unter den Gegebenheiten deines eigenen Geburtsortes vermissen mußtest, und eben wegen dieses Mangels hättest du die Freiheit nicht als vollständig empfinden können. Doch mir scheint, daß wir es in deinem Fall ebenso mit einem Schein zu tun haben wie in meinem. Ich strebe nach einer Freiheit, die du angeblich deshalb nicht besitzt, weil du in ihr jene Brüderlichkeit vermißt, die angeblich mein Besitz ist. Ist es verständlich, wovon ich spreche?

Nein.

Obwohl es logisch und begründbar ist. Sagen wir, ich spalte etwas in zwei Teile: Beide Teile des Apfels sind der Apfel, nur daß er jetzt aus zwei Teilen besteht. Und ungefähr das ist in Jalta passiert. Die beiden Hälften fanden darin Trost, daß jede in der anderen zu entdecken glaubte, was ihr gerade abging. Oder sie stieß Verwünschungen gegen die andere aus, machte ihr die Vorwürfe, die sie in Wirklichkeit gegen sich selbst hätte richten müssen. Jene Vertrautheit, von der du sprichst, fühlen in Wahrheit nur diejenigen, die aus besseren geistigen und materiellen Umständen heraus zu Besuch kommen, doch für mich, dem diese geistigen und materiellen Güter eben wegen des Mangels an Freiheit nicht zur Verfügung stehen, ist diese Vertrautheit überaus zerbrechlich und vergänglich. Ich befinde mich in einer Notlage, kämpfe mit geistigen und materiellen Mängeln, bin gezwungen, unabhängig von meinen Begabungen und Fähigkeiten mit allem und jedem auf dem gleichen Niveau zu leben und im Zeichen der Gleichheitsidee auf ein und derselben Basis zu handeln. Unter solchen Umständen macht sich in den zwischenmenschlichen Beziehungen wirklich eine Solidarität der Mangelleidenden, Nähe und ein Aufeinander-angewiesen-Sein geltend, und das alles kannst du eben auch als Vertrautheit von Freundschaft erleben, für mich jedoch ist es nichts anderes als der lästige Zwang meiner Umstände und jedenfalls nur der Schein von Gleichheit. Gehe ich aber dich besuchen, begegne ich auf der anderen Seite der gleichen Problematik. Soziales Gleichgewicht und soziale Sicherheit scheinen mir in ebendem Maß größer zu sein, wie die Gegensätze zwischen Arm und Reich größer und stärker herausgebildet sind. Ich muß mir eine solche Welt herbeiwünschen, da es scheint, daß sich dort nicht nur die persönlichen Umstände eines Menschen seiner Begabung und seinen Fähigkeiten entsprechend gestalten lassen, sondern daß man auch bestrebt ist, Spannungen, die durch eine vielgefächerte Hierarchie erzeugt werden, durch soziale Fürsorge abzumildern und auszugleichen. Die soziale Fürsorge erweckt den Anschein, als strebe man im Zeichen von Brüderlichkeit nach Gleichheit, dabei ist es gerade umgekehrt. Die nötigen Voraussetzungen für eine soziale Fürsorge sind in Wirklichkeit nur dadurch zu schaffen, indem man Tag für Tag und Stunde für Stunde erklärt, daß es Gleichheit unter den Menschen wahrlich nicht gibt, sondern nur Unterschiede und Hierarchien. Ob ich es von dort aus betrachte oder von hier aus, ich kann es nicht anders sehen, als daß wir uns auf beiden Seiten um diese drei untrennbaren und dennoch getrennten Begriffe drehen und wenden.

Freiheit, Gleichheit, Brüderlichkeit.

Die westliche Hemisphäre konnte erhobenen Hauptes auf die Brüderlichkeit verzichten, und schuf rechtliche Garantien für die persönliche Freiheit von voneinander separierten Wesen. Sie hat auch auf die Gleichheit verzichtet, dafür wohltemperierte soziale Gleichgewichte geschaffen. In dieser rechtlich und sozial proportionierten Welt muß die Brüderlichkeit als Mangel und die Gleichheit als Schein auftreten. Die östliche Hemisphäre hingegen hat eben im Namen der Gleichheit, im Interesse der abgrundtiefen Sehnsucht nach Brüderlichkeit die Freiheit aufgehoben. Für die persönliche Freiheit hat sie keine rechtlichen Garantien gegeben, weil sie sich die Freiheit als Konsequenz von Gleichheit und Brüderlichkeit vorstellte, und deshalb separiert sie die Menschen auch nicht voneinander, womit sie aber nicht eine auf der Gleichheit der Menschen beruhende brüderliche Gemeinsamkeit, sondern den unartikulierten Herdentrieb zur Herrschaft erhoben hat. Mein Platz in der Herde wird zu etwas Wichtigerem als das Beziehungsnetz meiner Begabungen und Fähigkeiten, mein Wesen. Und so kann es dann auch keine noch so intime Situation geben, in der ich von mir behaupten könnte, ich sei frei. Ich bin auch dann nicht frei, wenn ich mit einer Frau oder einem Mann ins Bett schlüpfe. Mein Elend kann mich dein Elend nicht vergessen machen. Denn was willst du mit deiner rechtlich garantierten persönlichen Freiheit in einem Bett anfangen, in dem du deine Brüderlichkeit vergessen mußt? In dem einen Bett vernichten Individuen die, des Bewußtseins ihrer selbst beraubt sind, gegenseitig ihre Persönlichkeit, im anderen Bett bleiben ihre eigene Persönlichkeit pflegende Individuen je für sich. Die westliche Hemisphäre hat nicht nur auf die Brüderlichkeit verzichtet, sie hat selbst den Begriff so sehr vergessen, daß keiner ihn auch nur mehr erwähnt, nie, nicht einmal als eine ihrer Sehnsüchte; sie hat diesen Begriff aus ihrem Denken entfernt, ihn zum Hirngespinst erklärt. Die Frage ist natürlich, ob man ihn auch aus den Gefühlen entfernen kann?

Du sprichst von Brüderlichkeit, doch auf deiner Liste hast du Freundschaft aufgeführt.

Ja, ja, ich habe absichtlich den Begriff Freundschaft gebraucht, weil ich nicht wollte, daß die Brüderlichkeit in meinem Vokabular wie irgendeine altmodische Devise hervortritt, die heute nichts mehr bedeutet. Brüderlichkeit kann sich jedoch nur auf Freundschaft gründen, das ist klar. Wenn jemand sich den letzten Satz der Neunten Sinfonie anhört, muß ihm das klarwerden. Doch ich fahre fort. Wir sind hier zwar zwangsläufig auf Freundschaft angewiesen, doch ich erlebe das nicht als ein Positivum, sondern eher als ein Negativum, gerade so, wie du deine Freiheit erlebst, denn ich erkenne in dem anderen menschlichen Wesen nicht die gemeinsamen Züge von Personen, die mit dem Bewußtsein ihrer selbst ausgestattet sind, nicht unsere Gemeinsamkeit sehe ich, sondern das Spiegelbild meines eigenen Elends, nicht das Wesen des anderen Menschen, sondern gerade das Elend, daß er sein Wesen nicht verwirklichen kann, und wir könnten höchstens darin eine Gemeinsamkeit entdecken, daß ich es auch nicht kann. Das ist heute noch deutlicher sichtbar als früher, weil die Meinungsfreiheit und die Möglichkeiten, sich frei zu organisieren, zugenommen haben und die Menschen dabei sind, ihre in der Zwangslage geschlossenen Freundschaften aufzugeben oder aus der erzwungenen brüderlichen Gemeinsamkeit des Freiheitskampfes auszutreten. Wenn sie aber dieses Frühere aufkündigen, es aufgeben, müssen sie Emotionen verletzen, die sie früher als ihnen zugehörig empfanden. Sie können sich allenfalls damit trösten, daß ihre früheren Emotionen nicht der freien Manifestation ihrer Persönlichkeit entsprangen, sondern jenem Zwang, der eben nicht zuließ, daß sich ihre Persönlichkeit in irgendeiner

Weise manifestierte. Nun werden sie dann wirklich ihre langersehnte Freiheit verwirklichen. Sie verzichten auf den Schein der Brüderlichkeit, um den Schein der Freiheit zu erringen.

Ja.

Nach meiner eigenen Erfahrung schiebt die westliche Hemisphäre Schein und Sein auf ähnliche Art hin und her. Dort ersehnen sich die Leute ein separates Ich, das nicht in jeder Hinsicht aus dem Zusammenhang des Kollektivs herausgehoben sein dürfte und doch scharf konturiert und eigenständig sein müßte. Dieser heiße Wunsch gründet im Ideal einer rechtlich bemessenen und geregelten Freiheit, einem Ideal, das eben im ermüdenden Kampf rechtlicher Regulierungen und rechtlicher Manöver jene Bindungen der Brüderlichkeit und Gleichheit vergessen hat, die die Denker der Aufklärung noch so als natürliche Gegebenheiten des Menschen verstanden, daß sie jedwedes Kollektiv darauf gründeten. Ein Ich jedoch, dessen Freiheit ausschließlich rechtlich bestimmt ist, das aber mit Brüderlichkeit und Gleichheit nichts zu tun hat, läßt sich, zumindest meiner Erfahrung nach, auf der ganzen Welt nicht finden. Weil es ein solches Wesen auf dieser Welt nicht gibt. Auf etwas verzichten, das in Wirklichkeit vorhanden ist, um uns den Schein dieses Wirklichen zu eigen zu machen – *eh bonjour* sagt der über einen solch höllischen Blödsinn entsetzte Franzose.

Freiheit... für mich führte sie, paradoxerweise, zur Abgrenzung. Von all dem, was ich nicht wollte, grenzte ich mich ab; das war meine Freiheit. Mit voller Kraft, aber auch mit viel Schmerz habe ich die Grenzpfähle in den Boden geschlagen. So entstand ein Bereich, durch den ich keine fremden Zwänge oder fremden Vorstellungen hindurchlassen durfte – es zumindest zu verhindern versuchen mußte. In Wirklichkeit aber war mein Reich der Freiheit nichts anderes als ein ziemlich leeres Feld. Und es führte zu Einsamkeit. Ich glaube, daß ich schließlich nichts anderes verteidigte als mein Alleinsein; voller Arroganz, manchmal mit Haltung, sogar Nachsicht, doch immer mit der blanken Waffe in der Hand.

Du sprichst so, wie ich mir ein mit der Sicherheit rechtlicher Garantien ausgestattetes, von allen separiertes, schutzloses Wesen nur denken könnte.

Und ich kann dir versichern, ich hatte Erfolg. Aber worin bestand er? Und wozu wäre er gut gewesen? Was nützt die Freiheit, wenn man sie mit niemandem teilen kann? Dieses Bemühen hat mich dann nicht nur völlig erschöpft, sondern auch gefangengehalten; ich wurde mein eigener Kerkermeister, und wenn ich in mein Reich zurückkehrte und nach Prüfung aller Türen und Schlösser allein blieb, hätte ich weinen können – oder habe geweint; nur daß du auch zum Weinen jemanden brauchst. Einsames Weinen ist wie einsames Trinken – es treibt in den Wahnsinn. Es war ein so aufreibender Kampf, daß ich für deine anderen französischen Werte wie Gleichheit, Brüderlichkeit oder, wie du sagst, Freundschaft, nicht viel Kraft übrig hatte. Oder, was noch peinlicher ist: sie zeigten sich mir zu spät, und auch das muß ich jener allgemeinen Erschöpfung anlasten, die aus der Verteidigung der Freiheit resultierte. Ich war einfach zu erschöpft. Ich wankte wie ein Frontkämpfer, der in der Schlacht ein Bein verloren hat. Ich schwankte auf dem verbliebenen Bein herum, als hätte ich nicht begriffen, daß diese meine Freiheit noch zwei Krücken braucht.

Ich weiß nicht, wieweit du übertreibst oder ob du wirklich von dir selbst sprichst, doch das Schlachtgemälde ist auf jeden Fall ziemlich treffend.

Ich dachte, ich könnte auf Gleichheit verzichten. Gleichheit hätte bedeutet, daß ich so sein muß wie die anderen; das wiederum hätte bedeutet, meine Freiheit aufzugeben. So habe ich es damals aufgefaßt. Ich wollte nicht sein wie die anderen, da ich mich doch für anders hielt, vielleicht auch für besser. Anders und besser: die beiden Vorstellungen erscheinen einem zusammen im Kopf, und es ist schwierig, sie voneinander zu trennen. Dennoch entwikkelte sich das Gefühl, «besser» zu sein, nur schwach in mir, weil ich nicht sah, daß ich irgendeine besondere Aufgabe oder Mission hätte. Ich ging mit meinen Fähigkeiten ziemlich dilettantisch um. Ich war faul, verlor schnell den Faden und konnte in meiner Einsamkeit nichts, aber auch gar nichts zu Ende bringen. Die Freiheit wurde zu einem Fluch, Gleichheit aber bedeutete Untergang, den Verlust dessen, was ich retten wollte, nämlich mein Ich. Ich verstand damals nicht, daß Gleichheit buchstäblich dazu da ist, jemandem ins Auge blicken zu können, um auf diese Weise einen Mitmenschen zu entdecken. Was nützt das Ich ohne das Du? Welchen Sinn hatte es, mich selbst zu retten, um mich dann im leeren Raum wiederzufinden? In einem Reich, wo es keine Liebe gab?

Wenn ich jetzt traurig nicken oder meine Anteilnahme ausdrücken würde, müßte ich über mich selbst enttäuscht sein. Oft staune ich selbst, warum ich von dieser elenden Welt nicht enttäuschter bin, aber ich bin es nicht. Irgendeine Neugier treibt mich zu verstehen, warum man auf den Schein so leicht hereinfällt und wie aus dem zwangsläufig übernommenen Schein nicht weniger zwanghaft fixe Ideen werden, die dann das Denken ganzer Erdteile auf Jahrhunderte hinaus unfruchtbar machen. Wenn du zum Beispiel davon sprichst, mit welcher Vehemenz du ein Ich verteidigtest, das nach meiner Auffassung höchstens als Schein anderer Zusammenhänge existiert, dann machst du mich noch neugieriger. Wie hast du dir dieses Ich vorgestellt und wie gehofft, es zu finden, wenn es nun einmal keinen Augenblick gibt, in dem du nicht mit ihm und durch es lebst? Was für eine fixe Idee ist das? Wieso müßte ich mein Ich finden, und wie könnte ich es verlieren?

Mein Ich finden – mit Hilfe der anderen... Bevor ich von Wien nach Paris ging, hatte ich von meiner Zeitung ein großzügiges Angebot erhalten: Man schenkte mir ein ganzes Jahr. Ein Jahr, das ich für meine eigene Arbeit verwenden durfte. Ich war sehr dankbar, scheiterte aber erbärmlich, obwohl ich gleichzeitig glaube, auch aus dieser Niederlage viel gelernt zu haben. Dieses Unterfangen wurde schon ganz zu Beginn durch meine Scheidung und alles, was darauf folgte, gestört; durch Dinge, die gerade in einer solchen wohltätigen Pause auf einen lauern. Dennoch rang ich lange und intensiv mit dem Schreiben; es dauerte fast ein halbes Jahr, bis ich überhaupt nur zum Anfang gelangte. Ich schrieb stockend, aber viel. Woher kam mein Fleiß? Doch solange ich nicht eine halbwegs akzeptable Sprache fand, in der ich mich selbst und das, was ich suchte, entdecken konnte, warf ich alles fort. Als das Jahr zu Ende war, hatte ich nichts als ein paar kleine Skizzen und einen Stoß bekritzeltes Papier. Ja. Unter den Skizzen war eine kleine Geschichte, in der ich direkt auf meine Erlebnisse mit der Entstehung des Ichs eingehe.

Gehören sie zu den früheren Erlebnissen oder zu den späteren?

Es sind meine Erlebnisse in Prag. In dieser Geschichte versuchte ich jene Prager Zusammenkünfte – mit Freunden, mit Bekannten – darzustellen, die mir damals so traurig und dennoch anziehend erschienen. Diese Wärme, diese zärtliche, spröde Wärme in den Gesprächen einer kleinen Gruppe, in der Freunde ständig zusammenkommen und allerhand über allerlei zusammenreden; ein Ort, wo die Tür immer offen- und die Zeit stillsteht, wo nicht einmal die Uhr funktioniert; davon wollte ich erzählen, darüber, wie ich in dieser Wärme versank. Ich genoß es. Ich liebte diese innige Atmosphäre, ich liebte diese Gespräche. Jemand erhob sich und verließ, ohne ein Wort des Abschieds, den Kreis. Ein anderer Freund setzte sich dazu, jemand legte einen Apfel auf den Tisch. Dennoch wurde ich mit der Zeit angesichts dieser Gespräche, dieser ganzen Atmosphäre mißtrauisch. Um es grob auszudrücken: Diese Gespräche führten nirgendwohin. Sie blieben im Leeren schweben, lösten sich allmählich in Wortfetzen auf. Über uns war eine Glasglocke gestülpt, und jenseits der Glasglocke war eine Wirklichkeit sichtbar, die nicht zu berühren war, in die man nicht hinüberschreiten konnte. Mit der Zeit empfand ich das Eingeschränkte dieser Gespräche immer stärker; immer in einer Küche, immer in einem kleinen Zimmer zusammengepfercht. Manche setzten sich ganz locker auf den Boden, aber irgendwie war es gar nicht so schön. Oder auf einem

Bett zu sitzen, in dem sonst jemand schläft? Die niedrige Decke des Zimmers bedrückte mich langsam mehr als das, worüber wir unter der bedrückenden Decke sprachen. Die Diskrepanz zwischen dem intimen Ton der Gespräche und dem Gefühl der Enge löste allmählich Unbehagen bei mir aus. Wir befanden uns in einem Ghetto; ich verstand bei diesen, den Raum auslöschenden Gesprächen, daß sie eben das ersehnten – Raum: Sie suchten einen Raum für Gespräche. Hier, unter der niedrigen Decke, konnte ein Ich nicht Gestalt annehmen. Nichts von dem, was sie sagten, hinterließ in der Welt eine Spur, und ich glaube, genau davon hast auch du gesprochen.

Von jenem Schein von Nähe, die so schön den Mangel an Weite verdeckt, oder jenem unmittelbaren Nähegefühl, das doch nichts anderes ist als die ständige und vergebliche Sehnsucht nach der unerreichbaren Weite. Genau davon habe ich gesprochen, ja. Glaubst du wirklich, die Sache weniger abstrakt und weniger theoretisch erfaßt zu haben?

Wie meinst du das?

Ich meine, du hast im Raum eines Zimmers den Zwang verspürt, der diese Leute dort hineingepfercht hat. Du formulierst einen zwischen den Menschen funktionierenden Zwang, den wir eben zu verdecken bemüht sind, als räumliches Verhältnis. Du hast verstanden, das ist nicht einfach ein enges Zimmer, sondern ein Raum, in dem sich gerade solche Leute gegenseitig die Luft zum Atmen wegschnappen müssen, die aus Luftmangel und Atemnot geflohen sind in diese...

In diese Zwangsbeziehung.

In diese Folterkammer.

In diese Zelle. In meinem Text habe ich dieses Wort verwendet.

Wohin sich die Menschen nur mit ihrem ewigen Plauderbedürfnis retten können. Doch ihr ständiges Geplapper findet keinen Weg zu Gesten, das wäre schon gefährlich, und noch weniger zu Taten, denn die Außenwelt hat sie ja eben deswegen so zusammengepfercht, damit sie nicht etwas von dem verwirklichen, was sie sich ununterbrochen zusammen ausmalen. Und das wird dann ihre Lebensgeschichte sein. Würde sich irgendeiner erlauben, irgend etwas von den wahnwitzigen Vorstellungen zu verwirklichen, die in solchen peinvollen Gesprächen entstehen, würde er sich sofort mitten in der Katastrophe wiederfinden. Nicht in einer politischen Katastrophe, sondern in einer höchst persönlichen: einer Katastrophe des Betts, des menschlichen Miteinanders, der Existenz. In diesen Gesprächen leben die Menschen im Bann gegenseitiger Verlockung, und sie setzen sich in einem einzigen Gespräch so vielen Verlockungen aus, wie man ein Leben lang nicht nachgehen könnte; aber dazu ist dieses Übermaß ja da: sie an jeglicher Bewegung zu hindern. Die Leute, die in dem Lebensabschnitt, in dem auch du diese Erlebnisse hattest, empfindlicher waren als zum Beispiel ich, hätten es nie riskiert, diese Scheingefühle zu wahren Gefühlen zu machen. Vor so etwas nahmen sie sich in acht. Und gerade die größten Verführer, die Radikalen, die Retter der Nation, die Widerstandskämpfer, zogen sich in ihre denkbar kleinbürgerlichen Verhältnisse zurück, wie Schnecken, wenn sie die geringste Gefahr spüren. Die noch kleinere Zelle wählen. Lieber Schizophrenie, Alkohol, Geisteskrankheit, elendes Dahinvegetieren als irgendein Wagnis. Das nicht. Lieber den Schein von Gefühlen als Gefühle. Lieber das ewige Gerede über Gefühle als die stille Geste, die schon eine Tat sein könnte. Doch wer es nicht so machte, spielte tatsächlich mit dem Feuer. Und nicht mit dem politischen, sondern von Körper und Seele...

Damals in Prag ahnte ich, daß mein Erlebnis grundlegend war; an diesem Punkt setzt es ein, da stößt Freiheit auf Vertrautheit, auf Brüderlichkeit, wenn du so willst, und irgendwie stimmt doch etwas nicht. Mir präsentierte sich die Angelegenheit in der Metapher: Der Raum wurde zur Zelle. In den Augen dieser Ostmenschen war ich, der Westmensch, frei und leicht, und doch war ich nicht so leicht und frei, wie sie glaubten. Schließlich hatte mich an der Intimität dieser Gespräche gerade das angezogen, was meiner Freiheit fehlte. Das konnten sie aber nicht wissen, so wie ich nicht gewußt habe, wie es tatsächlich um ihre Brüderlichkeit, ihre Gemeinschaft stand. Erst beim Niederschreiben dieses Erlebnisses spürte ich, was mir mein Empfinden schon damals einflüsterte: daß diese Wärme ebenfalls kalt ist.

Sie ist nicht kalt.

Gut, nicht kalt, eher...

Eher übertrieben.

Manchmal tatsächlich. Aber wie könnte man es im Rahmen dieser Metapher benennen?

Es ist ein Schein, der durch Zwang hervorgerufen wird.

Der Schein? Aber kann der Schein eine Temperatur haben? Kann aus ihm Wärme strömen?

Warum nicht? Denk an eine Fata Morgana.

Dann müßte in diesem engen Raum, in diesen kleinen Ghettos des Ostens also eine Sinnestäuschung eintreten. Aber ist das Ghetto denn frei von Neid und Betrug? Kann es denn echten Schutz bieten, und kann dort echte Freundschaft entstehen?

Nein, das sage ich doch: eben nicht. So etwas gibt es auch hier nicht.

Denn dazu brauchte es ja die Freiheit.

Was du siehst, ist genauso Negation von etwas wie die, von der du im Zusammenhang mit deiner Freiheit sprachst. Es ist die Negation von Gefangenschaft und Versklavung. Darin hofft man die Rettung zu finden. Ganz im Gegensatz zu dem, wovon du sprachst. Du wolltest deine Freiheit durch Verneinung gewinnen, und dann zeigte sie sich doch nur in der moralischen Schlappe. Ich dagegen muß durch Brüderlichkeit meine Versklavung und Gefangenschaft verneinen, auf diese Art hoffe ich zu retten, was zu retten ist, aber es wird die Brüderlichkeit von Sklaven und Gefangenen sein, hinter der die Echtheit des Zwangs steht. Diese Brüderlichkeit richtet sich nicht auf etwas, sondern vielmehr gegen etwas.

Deshalb nannte ich sie kalt. Aber vielleicht ist ihre Temperatur gar nicht so wichtig.

Sie ist wichtig, aber gewiß doch. Sie ist für die Menschen, die in einer solchen, von dir als östlich apostrophierten Gesellschaft leben, durchaus etwas Bezeichnendes. Sie empfinden Temperaturunterschiede. Sie sagen, das ist warm wie bei uns, das hingegen ist kalt. Wenn sie in den Westen reisen, sagen sie denn auch, sie frieren, weil die Menschen dort angeblich so kalt sind. Was ebenfalls Selbstbetrug ist. Ebenso Schein und Selbstbetrug wie der, mit dem du dich in Prag hast an der Nase herumführen lassen. Ich finde sehr charakteristisch, was du diesbezüglich gesagt hast. Du hast gesagt, du habest dich dort fremd gefühlt und etwas Fremdes empfunden. Und gerade jene rätselhaften Intimitäten müßtest du als fremd empfunden haben, die als Sehnsucht und Empfindung gewiß auch in dir verborgen sind. Gerade so, wie die Menschen, die hier leben und sich nach deiner Freiheit sehnen, es dann, wenn sie dorthin fahren, dort fremd finden und sagen, das brauche ich nicht, weil es kalt ist. In der Dreierlosung der Französischen Revolution artikuliert sich diese kollektive Sehnsucht am besten, wonach Freiheit, Gleichheit und Brüderlichkeit zusammen und im gleichen Zusammenhang vorhanden sein müssen – sonst eher Tod. Denn wenn es nicht an dem ist, dann mußt du etwas fremd nennen, das als Sehnsucht in dir lebt, in den Gefühlen gegenwärtig und praktisch dennoch abwesend ist.

Ja, das ist richtig. Aber ich gehe noch weiter, denn wenn das stimmt, dann muß Freiheit ohne Brüderlichkeit eben doch kalt sein.

Kalt oder eben fremd.

Fremd oder etwas, das man sich nicht zunutze machen kann. Aber was heißt «sich zunutze machen»? Man kann mit einer sogearteten Freiheit nichts anfangen, da ihr ja etwas fehlt, wodurch Freiheit wirklich Freiheit wäre; alle deine französischen Werte sind im Osten so geraten, aber sie treten auf, müssen auftreten, und sind vielleicht eher deformiert als nur scheinbar vorhanden. Im politischen Bereich waren sie natürlich leicht zu durchschauen, im menschlichen nicht. Auf den ersten Blick habe ich gar nichts bemerkt; es fiel mir nicht auf, daß man zu dieser Brüderlichkeit gezwungen war, in Wirklichkeit aber einander nur etwas vorspielte. Und dann wird plötzlich, völlig unerwartet, die ganze Oberfläche auf einmal brüchig! Zu Beginn staunte ich nur so; im Westen ist ja alles leichter zu durchschauen, unmittelbarer zu erfahren, so, wenn wir uns, zum Beispiel, mit dem ewigen Lächeln Brüderlichkeit vorspielen. Im Osten ist dieses Spiel versteckt, viel undurchsichtiger. Zu Beginn war ich über die Brüche, die hervortraten, furchtbar erschrocken; als würde etwas explodieren, sprudelte das Tierische und Gemeine plötzlich aus ihnen hervor, verschwand dann ebenso schnell wieder, und alles glättete sich.

Und war vergessen.

Und war vergessen.

Es kam das heilige, alles überdeckende Vergessen.

Ich hielt das für eine schwerwiegende Lüge.

Ich spüre die Verachtung in deiner Stimme.

Später verstand ich, warum es so sein muß; doch als ich immer wieder von neuem in einen solchen Riß hineinsehen mußte, konnte ich nicht genug staunen. Und erschrecken.

Ich hatte im Westen ähnliche Erlebnisse.

Bestimmt.

Als ich in der Westhälfte von Berlin lebte, ist mir eine kleine Szene besonders nahe gegangen. Ich erzähle sie, obgleich sie völlig belanglos ist, doch zumindest für mich warf sie Licht auf sehr vieles. Sagen wir noch, daß ich in einer linksgerichteten Familie aufgewachsen bin, in einer Familie, auf die Sozialdemokratie und Kommunismus von großer Wirkung waren. Diese Denkart verfehlte gewiß auch auf mich nicht ihre Wirkung, aber erst in Berlin wurde ich eigentlich gewahr, was sie bedeutet. Allein schon, weil ich auch nach meinem persönlichen Geschmack keine großen Hoffnungen an diese politischen und ideologischen Strömungen knüpfen konnte, weil ich gezwungen war, sie abzulehnen, glaubte ich, auch von ihrem Geist nicht viel in mir bewahrt zu haben. Das alles sage ich, um irgendwie meine geistige Situation zu kennzeichnen. Also, eines Tages ging ich im Grunewald zur Post. Gute Gegend, du kennst sie ja. Ein paar leere Straßen, Villen, schattige, gepflegte Umgebung. Und da kommt eine schöne Frau, eine sehr schöne junge Frau im offenen Sportwagen, was für ein Wagen es war, weiß ich nicht mehr, aber bestimmt irgend etwas Teures. Noch dazu war die Frau im Reitkostüm, Hose, Stiefel, auf dem Rücksitz die Peitsche. Ich fuhr mit dem Fahrrad. Ich war lange vorher dort, doch es verstand sich von selbst, daß ich in der Tür auf sie warte und ihr den Vortritt lasse. Ich hielt die Tür auf, und die Frau schwebte vor mir hinein, als müsse sie nicht nur meine Zuvorkommenheit nicht zur Kenntnis nehmen, sondern als bemerke sie nicht einmal meine Gegenwart. Sie tut nicht so, als bemerke sie sie nicht, sondern sie bemerkt sie wirklich nicht, denn sie ist es gewohnt, durch Türen zu schreiten, die von Dienern geöffnet werden oder aber sich mit Hilfe von Fotozellen vor ihr auftun. So etwas aber braucht man nicht zur Kenntnis zu nehmen. Ihre Haltung war eher kleinbürgerlich, voller versteckter Aggressivität, sie äffte die Aristokratin nach. Man sah ihr an, daß sie unglaublich reich war, es kann sein, daß sie aus ganz anständigen Verhältnissen stammte, doch zum Aristokratischen in der Haltung fehlten noch mindestens vierhundert Jahre. Und dann ging sie mit diesen aggressiven Schritten zum Schalter und warf ihr Postsparheft oder so etwas Ähnliches vor den Beamten hin; sie wollte Geld abheben. Der Beamte blickte sehr höflich zu ihr auf und sagte, daß sie zum Geldabheben einen Ausweis brauche. Darauf sagte die Frau, sie habe ihre Papiere nicht bei sich. Dann könne er leider kein Geld auszahlen, sagte der Beamte. Die Frau war entrüstet. Sie müsse das Geld haben. Der Beamte wiederholte darauf sein Bedauern und unterstrich die Notwendigkeit der Papiere. Aber ich hebe doch jede Woche diese kleinen Geldbeträge hier ab, Sie kennen mich doch, knatterte die Frau. Der kleine Geldbetrag war ungefähr so hoch wie das Monatsgehalt des Beamten, also wirklich nicht viel. Es kämen so viele Leute hierher, sagte er beschwichtigend und ruhig, aber auch wenn er sie kenne, dürfe er das nicht tun, er würde sonst gegen die Vorschriften handeln. Die schöne junge Frau wurde rot vor Wut und verlangte mit unangenehmer, schneidender Stimme den Leiter des Amtes zu sprechen. Der Beamte dagegen wurde bleich vor Wut und antwortete mit einem aus der Tiefe aufbrechenden und kaum verhüllten Genuß, ich bin der Leiter des Amtes. Die Frau brüllte unverständlich und zusammenhanglos, forderte, man solle ihr sofort ihr Geld aushändigen, der Beamte dagegen wiederholte genüßlich, er könne das nur tun, wenn die Frau ihre Papiere vorweise, alles andere wäre illegal. Sie mußten Luft holen. Und in dieser haßerfüllten kleinen Pause wurde spürbar, daß die Spannung zwischen ihnen eindeutig sozialer Art war. Als hätte das berühmte soziale Gleichgewicht der liberalen Demokratie plötzlich die Maske verloren. Anstelle des friedlichen Scheins fletschte der rohe Gegensatz zwischen ihnen die Zähne, das Eigentliche des Mangels an Gleichheit. Schon zuvor hatte ich dem Beamten angesehen, wie er das Aussehen, die Kleidung, das ganze ekelhafte Benehmen dieser Frau abschätzte; auch wenn er in Gleichheit oder in Ungleichheit auf einer anderen Stufe zu stehen hatte und es sich nicht ziemte, darüber zu sprechen – jetzt aber war seinem Gesicht doch die Freude darüber anzusehen, daß er sich gerade aufgrund der demokratischen Rechtsordnung für die Ungleichheit rächen konnte. Und so rächte er sich. Die Frau entfernte sich kreischend, er solle nur warten, darauf werde sie es nicht beruhen lassen, er werde es noch bereuen, er werde noch sehen, wer da das letzte Wort habe. Für mich ging es bei dieser Szene um die Frage, führen soziales Gleichgewicht und soziale Sicherheit näher an die Gleichheit heran oder verdecken sie sie eher? Mir schien, sie verdecken sie eher. Auch der Beamte kam erst zu sich, als ich bei ihm an der Reihe war. Wir tauschten Blicke aus, und aus meinem Blick konnte er sich vergewissern, daß ich mich instinktiv mit ihm solidarisierte. Das beruhigte ihn. Daß es jenseits der Rechtsordnung, die die Gegensätze nur eben überdeckt, eine gewichtigere Gerechtigkeit gibt. Wenn diese unsere drei Begriffe so eng verflochten sind, wie ihr Zusammenhang es behauptet, dann müssen auch dort nach außen hin Risse auftreten, und durch die Risse hindurch sieht man auch dort nichts anderes, als was bei einem ausgewogenen Schein darunter brodelt.

Für mich sind die Schwerpunkte dieser Geschichte doch anders gelagert; das «nach außen hin» interessiert mich hier mehr als das «darunter». Denn im sozialen Sinn des Wortes wird es auf dieser Welt nie Gleichheit geben.

Dann wird es aber auch keine Brüderlichkeit geben.

Richtig.

Du sagst richtig, ich dagegen kann oder will mir nicht eine Welt vorstellen, in der es noch nicht einmal auf der Ebene meiner Sehnsüchte oder Wünsche Gleichheit und Brüderlichkeit gibt.

Untersuchen wir den Begriff der Gleichheit.

Ich bestehe auf meinen Sehnsüchten.

Die ungebundene Gleichheit hat viel schwerwiegendere und schrecklichere Konsequenzen als ungebundene Freiheit und Brüderlichkeit; sie führt letztlich zu Egalitarismus. Und wo alle gleich sind, dort folgt die Uniformierung, und mit der Uniform auf dem Leib kann sich das Ich nicht wohl fühlen; letzten Endes hört es auf zu existieren. Im gegenwärtigen Westen ist so etwas natürlich nicht möglich: Es wird deshalb immer eine Frau im Reitkostüm geben und immer einen kleinen Beamten, der noch nie auf einem Pferd gesessen hat. An dieser Geschichte finde ich aber eben schön, daß diese Frau, die gewiß keine Betrügerin war, sondern tatsächlich ein Konto bei diesem kleinen Postamt hatte, vergebens eine Sonderbehandlung beanspruchte, vergebens ihre Forderungen stellte; sie kam damit nicht durch. Nicht, weil sie gleich wären – das sind sie ja offensichtlich nicht –, sondern weil sie in einer Gesellschaft leben, in der aufgrund bestimmter Prinzipien ein Instrumentarium so zur Verfügung steht, daß auch dieser kleine Mann mit den vorhandenen Instrumenten diese

Prinzipien verteidigen kann und die Frau daher wütend das Feld räumen muß. Und ihn nicht bestrafen kann! Die Frau hat dazu keine Möglichkeit, sie muß eine peinliche Niederlage einstecken, der kleine Beamte hingegen darf einen kleinen Triumph feiern. Die Gesellschaft gibt ihm das Recht dazu. Das ist sehr schön, und daß es tatsächlich möglich ist, darüber sollten wir staunen. Ich finde, wenn eine Gesellschaft den Menschen solche Mittel in die Hand geben kann, mit denen sie der immer neu entstehenden Ungleichheiten doch irgendwie Herr werden können, dann ist das sehr viel. Du könntest dir leicht eine ähnliche Situation hier, im Osten, vorstellen. An deiner Geschichte würden wahrscheinlich die Stiefel bleiben, nur würde nicht die Frau sie tragen, sondern du weißt genau, wer darin um dich herumstiefeln würde, auch wenn dasselbe Instrumentarium formell hier ebenfalls vorhanden wäre. Dennoch könnte eine solche gestiefelte Person in einer derartigen Situation ohne weiteres die diversen Drohungen, die aus ihrem Mund strömen, auch durchsetzen.

Die Geschichte ist mir nur eingefallen, da du von den Rissen sprachst, durch die hindurch sich jene freundlichen, von zärtlichen Gefühlen erfüllten Menschen als wilde Tiere zeigten. Aber natürlich stimmt, was du sagst. Kommt ein noch stärkeres wildes Tier, rollen die anderen wilden Tiere sich auf den Rücken, strekken alle viere in die Luft, um zu zeigen, daß sie aufgeben und die Übermacht anerkennen. Sobald sich jemand in Stiefeln nähert, kommt es bei uns sehr oft dazu. Und das ist ganz normal so. Auch in meiner Geschichte sind jene menschlichen Instinkte, die normale tierische Instinkte sind, nicht unverdeckt geblieben. In der Frau war ein so riesiger Haß, den sie sonst nicht nach draußen ließe, vielmehr würde sie eine solche Regung wohl auch sich selbst in ihren vier Wänden nur zögernd eingestehen. Im Beamten dagegen Rachsucht; und da er die Rechtsordnung der ganzen Gesellschaft hinter sich wußte, ließ er seiner Rache denn auch freien Lauf. Und doch stimmte das Ganze nicht. Denn zwar erlitt die Frau in diesem Fall tatsächlich eine Niederlage, doch behielt der Beamte nur in dem Sinn und dem Maß recht, in dem es dieser ganzen bürgerlichen Revolution, dieser ganzen bürgerlichen Gesellschaft eben durch rechtliche Regelungen gelungen ist, das abgelehnte Feudale als Strukturprinzip herüberzuretten.

Gott sei Dank.

In anderer Beziehung würde ich vielleicht auch Gott sei Dank sagen.

Aber hier wurde nicht das Feudale an und für sich herübergerettet, nein.

Sondern die Hierarchie.

Eine Hierarchie, von der ich nicht glaube, daß sie unbedingt mit dem Feudalen zusammenhängt, die meiner Ansicht nach eher mit dem Menschlichen zu tun hat.

Sie hat mit den Gegebenheiten der Menschen zu tun, welche sich in einer Gesellschaft trotzdem als hierarchisches Verhältnis festsetzen. Es gibt schwache und starke, schöne und häßliche, bessere und schlechtere Menschen. Es gibt sie, und wenn ein Riß entsteht, dann wird sichtbar, wie wir tatsächlich sind. Du wirst niemanden finden, der sagt, er möchte schwächer, häßlicher und schlechter sein.

Da bin ich mir nicht so sicher.

Wenn ein Riß entsteht, werden jedoch nicht nur die Gegebenheiten sichtbar, sondern auch die Sehnsüchte. Ich bin so, aber ich möchte noch mehr so oder eben anders sein. Die gesellschaftliche Hierarchie fixiert Gegebenheiten, verstärkt aber damit auch die Sehnsüchte. Ich spreche ausgehend vom Gesichtspunkt der Sehnsüchte, du sprichst dagegen von jenen wohltemperierten Techniken, die solche vorhandenen Sehnsüchte verdecken, und zwar gerade mit Hilfe der die Gegebenheiten fixierenden gesellschaftlichen Formen.

Ich verstehe. Aber vielleicht habe ich mich nicht verständlich genug ausgedrückt. Du hast in deiner Geschichte eine Situation beschrieben, die auf gesellschaftlicher Ebene neutral zu nennen wäre, da sich die Kommunikation ja zwischen zwei einander unbekannten Personen abspielt. Ich habe an etwas anderes gedacht, als ich von einer Zwangsgemeinschaft sprach. In diesen intimen Freundschaften, ich darf ruhig sagen: Zwangsfreundschaften, in denen diese östlichen Gesellschaften sich in ganz kleine Gruppen auflösen und in denen die Leute einander nicht nur bis zum Überdruß kennen, sondern sich auf Jahre hinaus auch gegenseitig ausliefern und plagen, in einer solchen Gesellschaft, wo den Menschen der Raum, im metaphorischen Sinn des Wortes, zum Leben fehlt, entstehen gerade wegen des Zwangs diese unerwarteten Risse, die dann so enthüllend zeigen, daß auch die Geselligkeit, die Gemeinsamkeit, die Freundschaft selbst nichts anderes waren als zwanghaft. Unter der Oberfläche muß sehr vieles in die Tiefe zurückgedrängt werden, doch sie kann plötzlich Risse bekommen, und dann muß man diese Risse wieder verdecken. Darauf kannst du natürlich sagen, daß sei eine sehr menschliche und überall zu beobachtende Erscheinung, zu beobachten auch etwa unter anderen Bedingungen, in anderen Freundeskreisen. Doch da bin ich mir nicht mehr so sicher. Denn im Osten sind diese engen Freundeskreise in einem viel stärkeren Maß den Gesetzen der Übertreibung und der Hysterie unterworfen als im Westen. Der westliche Raum ist größer, die Nähe nicht so groß, und daher sind die Gefühle auch kühler. Und die Nähe, die du Zwangsnähe nanntest, revanchiert sich eben durch diese unerwarteten Risse auf eine Art, die mich im Osten immer wieder verblüfft und entsetzt.

Ich bin mit dir völlig einverstanden. Und doch klingt es so, als sprächest du von einem Funktionsprinzip und nicht von Menschen.

Diese Funktion interessiert mich in diesem Zusammenhang mehr als die Menschen. Ich habe nicht vor, die menschliche Natur zu ändern.

Ich lasse mich nicht von meiner Frage abbringen, auch wenn sie zu narzißstisch und nicht ungefährlich ist: Gab es in unserer Bekanntschaft auch solche enthüllenden Augenblicke? Kannst du dich an so etwas erinnern?

Nein. In dieser Beziehung kam nur einmal etwas vor, wofür ich keine Erklärung fand. Und zwar in Wien, in unserer Wohnung in der Vegagasse, als zwischen dir und Susanne etwas geschah, was ich bis heute nicht verstehe.

Ich verstehe es auch nicht.

Wie ein Riß! Vielleicht war da doch so etwas von dem, worüber wir sprechen. Wie wenn plötzlich etwas an die Oberfläche gelangt, und man muß es danach schnell wieder verdecken. Bis zum heutigen Tag finde ich keine Erklärung, kann es einfach nicht verstehen.

Auch mich würde interessieren, was du in diesem denkwürdigen Augenblick gesehen hast. Es wäre gut zu wissen, was man in diesem Augenblick sehen kann.

Ich erinnere mich nur an die Situation.

Und woran erinnerst du dich?

Möglich, daß es sich auch um etwas ganz anderes handelte als das, worüber wir sprechen.

Ich kann da nicht sicher sein, weil ich es ja nicht weiß.

Ich jedenfalls sah es so, daß ihr zwei aufmerksam und liebevoll miteinander umgingt, mit einer Art distanziertem Humor; daran war ich gewöhnt. Und dann auf einmal diese Situation, die so unerwartet war und mich so sehr überraschte, ganz unerwartet traf. Vielleicht hat es damit angefangen, daß du etwas sagtest, was Susanne nicht verstand, und sie auf der Suche nach einer Erklärung etwas fragte, du aber von ihr aus gesehen gar nicht darauf eingingst, sondern auf etwas anderes antwortetest, was die Situation weiter vergiftete. Davon wurde sie beinahe hysterisch, weil sie das, was du sagtest oder nicht sagtest, tatest oder nicht tatest, offensichtlich als Angriff auffaßte, als empörende Provokation oder was weiß ich... obwohl gewiß auch sie nicht sicher war, worum es eigentlich ging. Aber die Hysterie steckte auch dich an, ihr beide wart wie verwundete und dadurch aggressiv gewordene Tiere.

Und was tatest du in diesem Augenblick? Erinnerst du dich daran?

Ich glaube, ich tat gar nichts. Vielleicht versuchte ich, euch zu beruhigen oder zur Besinnung zu bringen, obwohl ich nicht wußte, worum es ging.

Ich erinnere mich, daß du lachtest. Du lachtest laut.

Ja, ja, vielleicht lachte ich. Ja, es stimmt. Weil die Situation erschreckend wurde, ihr beide aber lächerlich wart. Ich lachte gewiß auch aus Angst. Ich wußte nicht, was los war. So ungefähr; mehr kann ich über diese Situation nicht sagen.

Wenn wir schon darüber sprechen, dann sollten wir auch erwähnen, daß ich aus Berlin zu euch kam. Nach den ursprünglichen Plänen wäre ich für ein paar Tage gekommen, bis ich von der bundesdeutschen Botschaft in Wien meine Aufenthaltsbewilligung erhalten hätte. Und ich hätte auch im Hotel wohnen können, doch ihr bestandet darauf, daß ich bei euch wohne. Aber es scheint, daß ich in dieser Geschichte noch weiter zurückgehen muß, denn wenn diese ganze Politik in Ost und West nicht so kompliziert gewesen wäre, dann wäre auch diese ganze unangenehme Situation wegen meiner Aufenthaltsbewilligung nicht entstanden. Doch sie haben mit mir ihr Spiel gespielt, als wäre ich ihr Ball. Die Ungarn bestanden darauf, ich müsse die Aufenthaltsbewilligung in Berlin erhalten, weil die Russen auf der Fiktion von Berlins unabhängigem Rechtsstatus bestanden, die Deutschen hingegen bestanden darauf, daß ich in Budapest um die Aufenthaltsbewilligung nachsuche, weil sie ihrerseits den Russen auf diese Art das Leben sauer machen wollten. Ich hatte mich beim DAAD erkundigt, was ich nun tun solle, und man hatte mir gesagt, ich solle ganz ruhig nach Berlin fahren und dort würde der Senat das Ganze dann in aller Stille erledigen. Sie würden ihren Stempel nicht in meinen Paß drücken, sondern auf ein separates Papier; seit Jahren müßten sie diese aussichtslosen diplomatischen Gefechte so umgehen. Doch niemand konnte damit rechnen, daß die Wähler den sozialdemokratischen Senat, noch bevor ich in Berlin angekommen war, mit beiden Füßen in den Hintern treten würden und daß der neue christlichdemokratische Senat dann noch nicht einmal so etwas sagt wie: Bisher war das so, Freundchen, doch jetzt ist es eben nicht mehr so, du bist zwar Gast, aber geh nach Hause und suche in Budapest um eine Aufenthaltsbewilligung nach; sondern sie wiesen mich einfach aus Berlin aus. Wieland Schmied, der damalige Direktor des Berliner Künstlerprogramms beim DAAD, wußte als gutgesinnter Österreicher nichts anderes, als erneut nach einer Hintertür zu suchen, durch die ich vielleicht doch dorthin gelangen konnte, wo ich schon war. Die Situation war völlig absurd. Er dachte sich aus, ich solle nach Wien gehen, er würde dort hinter den Kulissen dafür sorgen, daß ich meine Aufenthaltsbewilligung bekäme. Deshalb war ich dort. Doch schon am dritten Tag stellte sich heraus, daß das gar nicht so einfach und vor allem nicht so schnell gehen würde, wie wir das gehofft hatten. Sie konnten nicht einmal ungefähr sagen, wie lange ich warten müßte.

So sind nun halt einmal die Wiener, daran läßt sich nichts ändern.

Ich hatte das Ganze völlig satt, und vielleicht erinnerst du dich, daß ich dort, vor deiner Nase, während du im anderen Fauteuil das Bein baumeln ließest, mit der Frau, die mich zwischen Berlin und Wien vermittelt hatte, telefonierte und ihr sagte, daß ich bedient sei, auf mein Stipendium verzichte und nach Budapest zurückginge. Und das mußte ich sagen, weil ich nicht nur diesen verrücktgewordenen Ämtern gegenüber Haltung bewahren wollte, sondern es auch unangenehm war, euch zu belasten. Hätte ich gewußt, daß sich die Warterei ewig ausdehnt, wäre ich trotzdem ins Hotel gegangen. Das Gefühl für Verhältnismäßigkeit hätte das einfach verlangt. Es war eine perfekte Falle. Als ich aufhängte, legtest du mir die Hand auf das Knie und sagtest, ich solle doch vernünftig sein. Diese nette Frau, die in der Angelegenheit so geduldig vermittelte, bat auch darum. Denn sie wollten ja in der Tat etwas lösen, das nach den geltenden Spielregeln nicht lösbar war. Schließlich konnte ich auch nicht den Beleidigten spielen, und so ließ ich mich auf die Warterei festnageln.

Nach einer Woche verreiste Susanne nach Warschau. Und als sie nach einer weiteren Woche zurückkam, fand sie mich noch immer dort.

Demnach wärst du ein Klotz an unserem Bein gewesen.

Moment noch. Ich erzähle aus meinem Blickwinkel; es ist eine Geschichte, ich erzähle sie, wie ich sie erlebt habe. Mit all den wirren Gefühlen, die ich natürlich nicht ganz unterdrücken konnte; ich habe es zwar versucht, aber ich kam doch in die Lage des Emigranten, der sich in einer fremden Welt nicht auskennt, auf andere angewiesen ist, sich mit Beamten herumschlägt und Fremden auf der Bude hockt. Wenn es auch Leute sind, die ihn gern haben, die aber doch nicht bis in alle Ewigkeit mit ihm zusammenleben möchten.

Aber doch!

Gut, ich weiß. Aber dann muß es eine Ewigkeit sein, die wirklich nur drei Tage dauert. Also weiter, wie ich es erlebt habe. Zwei Tage nachdem Susanne aus Warschau zurückgekommen war, ging ich am Morgen in die Küche, um mir wie an jedem anderen Morgen meinen Kaffee zu kochen, und als ich mit dem Kaffee in mein Zimmer zurückging, trat Susanne plötzlich aus eurer Schlafzimmertür. Sie starrte mich an und erkannte mich nicht. Sie schrie auf. In dem Augenblick schlief sie noch. Und da stand vor ihr ein wildfremder Mensch. Sie erschrak, zuckte zusammen, wich zurück, kreischte. Nicht, weil ich ihr fremd war, sondern weil ein Fremder vor ihr stand. Im nächsten Augenblick schreckte sie über ihr eigenes Erschrecken auf und erkannte mich. Und doch hatte es diesen Augenblick gegeben. Natürlich lachten wir beide darüber und umarmten uns. Und ihr schlafender Körper brauchte vielleicht wirklich auch noch diese beruhigende Versicherung; die Sache war erledigt. So etwas kann es geben. Dann aber ging ich nach dem Mittagessen in die Küche und sagte, ich wolle abwaschen helfen. Auch das war nicht außergewöhnlich, ich wusch ab, ich kochte oder half eben auch bei anderer Gelegenheit abwaschen. Doch da sagte sie mit irgendwie erhobener Stimme, in einem mir völlig unbekannten Ton, ich tue bloß, als ob ich helfen wolle, ich solle doch nicht so lügen. Dieses Wort gebrauchte sie, mit dieser unbekannten Stimme.

Nicht im Scherz, nicht ironisch? Sondern grob? Susanne ist nie grob.

Nein, nicht im Scherz, sondern sie war wirklich grob. Und provokant. Als hätten wir irgend etwas miteinander abzurechnen.

Vielleicht hatte sie ihre Tage.

Das sagtest du damals auch, um irgendeine mildernde Erklärung zu finden, aber für mich war es eher so, als wäre sie mit diesen Gesten aus einem Bergman-Film herausgetreten.

Bergman?

Gerade, weil es unerwartet war. Als hätte sich das Bekannte in Unbekanntes zurückverwandelt.

Ja, das könnte vielleicht Bergman sein.

Als hätte die Rücksichtnahme ihre Beständigkeit eingebüßt. Und wenn dem so ist, dann kann wirklich alles geschehen.

Ich habe mit ihr so etwas nie erlebt, deshalb auch nie an eine solche an und für sich banale Möglichkeit gedacht.

Bergman ist auch mir erst später in den Sinn gekommen, als ich mir irgendwie jene nächtliche Szene erklären mußte, an dem Mittag dagegen dachte ich nur so etwas wie: Bestimmt ist sie nervös, angespannt, die Ereignisse in Polen gehen uns nahe, dich lassen sie nicht in die Tschechoslowakei einreisen, und solche Sachen; ich kannte sie nicht von dieser Seite, jetzt kenne ich sie; und deshalb konnte ich an nichts anderes denken, als sie zu beschwichtigen, da sie ja überhaupt keinen Grund hatte, böse auf mich zu sein. Und das tat ich denn auch, ich beschwichtigte sie. Das hatte etwas Beunruhigendes, geschah es doch zum zweitenmal am selben Tag, und ich konnte es auch nicht dem Zufall zuschreiben, daß sie mich Lügner nannte, nun gut, die Freundschaft hält vieles aus. Die Zuneigung schützt einen auch in den Fällen, in denen man nicht ganz unschuldig ist und dem anderen tatsächlich etwas angetan hat. Und wirklich war alles wieder in Ordnung, wir redeten, wir lachten ein bißchen, wir wuschen ab, wie gewöhnlich, und am Abend gingen wir ins Kino. Weißt du noch, was wir sahen?

Im Kino? Keine Ahnung. Ich gehe so selten ins Kino.

Ich weiß es nicht mehr. Als wir nach Hause kamen, setzten wir uns in den Salon. Ich mochte das sehr bei euch, dieses nächtliche Nachhausekommen, Sich-in-den-Fauteuils-Lümmeln. Und da gerieten wir in die Situation, die du aus deinem Blickwinkel schon erzählt hast. Ich erinnere mich, daß Susanne fragte, ob wir Durst hätten. Ich habe bestimmt ja gesagt, denn es gehörte für mich zum Ritual der nächtlichen Heimkehr, daß wir kaltes Mineralwasser tranken. Und als Susanne mit den schönen Gläsern in der Salontür erschien, hat sie vielleicht etwas zu mir gesagt oder habe eben ich etwas zu ihr gesagt. Sie verstand etwas nicht richtig, oder ich verstand es nicht richtig, doch da war wieder dieser unbekannte Herausforderungston in der Luft, diese Fremdheit im Rohzustand. Und dadurch wurde mein Stolz in kleine Stücke zerschlagen. Drei Wochen lang hatte ich ihn tapfer gewahrt. Nein. Eigentlich hatte ich ihn umsonst zu wahren versucht. Und dann zum dritten Mal am gleichen Tag etwas begreifen und akzeptieren, von dem ich nicht weiß, woher es kommt und warum. Genau das war zuviel. Alles wurde dunkel, und vielleicht begann ich zu brüllen, sie tat es aber auch, oder gebrauchten wir unser Mundwerk mit recht lautstarker Stimme, obwohl ich bis zum heutigen Tag nicht weiß, was wir einander sagten. Und darauf kam dein lautes Lachen, das vielleicht für uns beide...

Unheimlich war.

Das eher wirkte. Es brachte die Situation ins Gleichgewicht, glich sie irgendwie aus oder relativierte diese Spannung. Später habe ich ziemlich viel darüber nachgedacht, aber das Ganze ist auch für mich bis heute ein Rätsel geblieben; ich habe es auch Magda einige Male erzählt, so und wieder anders, weil ich kontrollieren wollte, welchen Fehler ich gemacht haben könnte oder was da überhaupt los gewesen war. Lauter schematische Erklärungen, von denen ein Teil – hört man deiner arglosen Erzählung zu – ebenfalls unbegründet scheint. Magda behauptet, daß ich euch auf den Wecker gegangen sei und daß es keinen guten Freund gebe, der seinen Gastgebern nach drei Wochen nicht auf den Wecker ginge. Doch das kann ich aus irgendeinem Grund nicht akzeptieren. Vielleicht deswegen, weil ich selbst mir mit niemand anderem als mit euch eine solche freundschaftliche Nähe gestattet habe. Auch wenn es zweifellos zwischen Susanne und mir nicht auf die gleiche Art funktionierte wie zwischen dir und mir. Und vielleicht lag darin das Problem. Ich denke, daß man die Beziehung zwischen uns beiden wirklich am ehesten mit den Begriffen Vertrautheit, Familiarität und Brüderlichkeit kennzeichnen könnte. Und das hatte auch seine eigenen physischen Erscheinungsformen; so zum Beispiel, wie du mich hin und wieder berührtest, umarmtest und ich das erwiderte. Es war ziemlich interessant zu beobachten, und wenn es um so etwas geht, funktioniert meine Aufmerksamkeit sehr scharf, daß wir uns solche Intimitäten nur dann erlaubten, ja, man könnte sogar sagen, daß wir uns überhaupt nur dann dazu angespornt fühlten, wenn noch jemand anders anwesend war. Wenn wir zu zweit sind, tun wir dergleichen nicht, ist jedoch eine Frau, eine schützende Frau dabei, dann ganz ruhig. Ein unbewußter oder gerade bewußter Schutz gegen den Verdacht, schwul zu sein. Früher hatte ich das Gefühl gehabt, Susanne bemerke es noch nicht einmal, da diese zweifellos vorhandene Anziehung doch in eurer Beziehung keinerlei wirkliche Gefahr bedeuten konnte. In jenem Augenblick hatte ich trotzdem den deutlichen Eindruck, zwischen euch beide geraten zu sein. Vorher habe ich nie empfunden, daß sie auf unsere Beziehung neidisch oder daß Eifersucht in ihr entstanden sein könnte, doch in jenem Augenblick schon, und gerade dein Lachen hat mich darauf aufmerksam gemacht.

Sie war in ihrem Frau-Sein beleidigt, würde ich dann sagen.

Das würde ich überhaupt nicht sagen, ich kannte sie ja als einen viel stärkeren und großzügigeren Menschen. Viel eher würde ich sagen, daß sie die völlig zwanglose Vertrautheit, die zwischen uns war, ausgesprochen genoß. Sie planschte darin. Wenn etwas sie störte... ich weiß überhaupt nicht... es ist, als wäre Vertrautheit nicht nur die Substanz der Beziehung zweier Menschen, sondern als gäbe es sie nur in einer bestimmten Menge und als hätten wir ihr ein Quantum Vertrautheit entzogen. Das fühlte ich zum erstenmal, als sie aus Warschau zurückkam. Aber ich konnte schon deshalb nicht das Gefühl haben, ihr irgend etwas entzogen zu haben, weil ich nach der gemeinsam verbrachten Woche die Nase voll von dir hatte, die Nase voll von deiner Einsamkeit, in die du ohne sie versunken warst. Solange sie weg war, hatte ich eben den Eindruck, du könntest nicht ohne sie sein, und das überraschte mich. Und als sie zurückkam, mußte ich doch das Gefühl haben, oder mußte ich eben deswegen das Gefühl haben, ich sei zwischen euch ein Puffer geworden. Wie wenn zwei Eisenbahnwagen aufeinander zufahren, und zwischen ihnen ist ein Puffer.

Sicher.

Anders konnte ich es mir nicht erklären. Vielleicht war sie beleidigt, daß du dem bei dir vorhandenen Bedürfnis nach Vertrautheit und Familiarität auf ihre Kosten nachgabst. Du konntest ihm nachgeben, da du ja nichts zu befürchten hattest. Doch nein. Von Beleidigung kann man nicht sprechen. Du hast ihr das einfach entzogen. Oder ich habe nicht gemerkt, in welcher Menge es erträglich ist und wann ein Entzug daraus wird.

Ich glaube, was du von der Vertrautheit beziehungsweise von ihrem Entzug gesagt hast, könnte wichtig sein; selbst würde ich es vielleicht Geborgenheit nennen. Susanne ist sehr darauf angewiesen, und von mir hat sie gewiß nicht viel davon erhalten. Ich sehne mich viel eher danach, so zu sein, daß ich solche Geborgenheit schenken könnte. Ich bin aber ein Vogel, der ein bißchen im Dickicht herumflattert, von einem Ast zum anderen, und wenn er sein Nest gefunden hat...

Bist du etwa ein Schürzenjäger?

Nein. Früher hätte ich diesen Eindruck allerdings ohne weiteres erwecken können, doch eher als Schein. Ich bin ein unsteter, unruhiger Mensch, halt wie ein Vogel, und habe ich mein Nest gefunden... dann ist das Nest für mich keineswegs ein so selbstverständlicher Ort, wo ich hübsch meine Zeit verbringe, wo ich meine Wärme an den anderen weitergebe oder das Teilbare schön ordentlich teile. So ist es nicht. Aber jetzt reden wir schon wieder von etwas ganz anderem.

Ich glaube nicht, daß wir von etwas anderem reden.

Dann ist es gut. Ich habe Susanne doch aller Wahrscheinlichkeit nach nicht geben können, was sie mehr als alles gebraucht hätte, nämlich das Gefühl der Geborgenheit.

Wovon ich bis jetzt gesprochen habe, war nur die eine, die uns betreffende Seite. Die andere Seite aber betraf sie und mich. Es war einfach rührend zu beobachten, wie sehr sie sich auch in unserer Beziehung mit dir identifizierte. Als betrachtete sie unsere Beziehung als Muster und wollte sie die gleiche gefühlsmäßige Verbindung zu mir herstellen, die du und ich zwischen uns hergestellt hatten. Doch als wir uns berührten, fühlten wir notwendigerweise sogleich, daß diese Berührung nicht so sehr geschwisterlich oder familiär war, und ich bin fast sicher, daß nicht nur ich das so fühlte, sondern daß das Zurückweichen beiderseitig war. Mit dir hatte der Austausch von Berührungen keine Erotik. Nun ja, was heißt keine Erotik; sagen wir, so viel wie zwischen Geschwistern und Freunden. Nein, auch so ist die Formulierung nicht richtig, denn unter Freunden ist sie sogar sehr vorhanden; geschwisterlich wäre vielleicht doch die richtige Formulierung. Wir aber wünschten uns solche Geschwisterlichkeit vergeblich, weder Susanne noch ich konnten sie so unschuldig auf unsere Beziehung übertragen, weil sie sofort Erotik bedeutete, von der wir beide Abstand nahmen oder ich zumindest zurückschreckte. Die Anziehung war zu stark. Und daher kam wohl jenes distanziert-humorvolle Benehmen, von dem auch du gesprochen hast. Auch die Behutsamkeit und die Achtung kamen daher. Woraus natürlich wieder nur das Bedürfnis nach Zärtlichkeit erwächst, mit dem man wieder nichts anfangen kann. Mit einem Wort, eine ganz schön große Verwicklung zwischen drei Leuten. Eine Verwicklung, die keiner dem andern übelnehmen kann, die aber einen solchen nächtlichen Ausbruch durchaus rechtfertigt. Wobei ich betone, daß ich es nicht weiß. Ich weiß nicht, was los war. Ich suche nur eine Erklärung dafür, und jetzt erkläre ich es eben so.

Ja. Trotzdem sind die vorhandenen Fakten ja armselig; vielleicht führt dich all der aufgebotene Scharfsinn nur in die falsche Richtung. Kennst du Kierkegaards Anekdote vom schriftgelehrten Juden?

Nein. Wo steht sie?

Hast du Kierkegaard gelesen?

Ich habe *Furcht und Zittern* und *Entweder-Oder* gelesen.

Wie auch immer, ich weiß nicht mehr, wo sie steht.

Etwas anderes habe ich von ihm nicht gelesen.

Er erzählt, glaube ich, die Geschichte eines alten Rabbiners, der in seinem Bau sitzt, wie es sich gehört, und seine kabbalistischen Bücher studiert, und wie er so diese alten Texte liest, stößt er plötzlich auf ein Schriftzeichen, dem er in seinem ganzen langen Leben noch nie begegnet ist. Er zuckt zusammen; in seinem Kämmerlein spürt er die Anwesenheit Gottes. Er schaut das Zeichen von rechts, schaut es von links an, weiß nicht, was er damit anfangen soll. In diesem Augenblick platzt seine junge Frau herein. Komm, Lieber, wir müssen zu Bett. Wie sollte ich zu Bett gehen, antwortet der Rabbi ungeduldig, jetzt muß ich wirklich hierbleiben. Die Frau tritt heran, um ihn von hinten zu umarmen. Komm, Lieber, gehen wir zu Bett, du mußt ruhen. Nein, nein, erwidert der Rabbi, es geht jetzt nicht. Die Frau streicht ihm über die Stirn: Nun komm mal schön, du wirst dich noch zu Tode arbeiten, sagt sie, streicht ihm noch einmal über die Stirn und macht dann eine Bewegung, als wolle sie, wenn auch liebevoll, sein Buch schließen. Mit dieser Bewegung aber streicht sie über die aufgeschlagene Seite und wischt jenes seltsame Zeichen herunter: Es war in Wirklichkeit Fliegendreck.

Hast du das Klopfen gehört? Magda klopft, damit wir zum Abendessen kommen.

Endlich. Die guten Zeichen kommen immer im richtigen Augenblick. Die Frauen klopfen im richtigen Augenblick an der Tür, wischen die Scheiße ab, streichen dir über die Stirn. Und das Problem ist gelöst.

Auf ihre Art. Mit dem kleinen Lächeln.

Ach was, auch ich löse die Probleme so.

Dritter Tag

Wenn wir schon von solchen Dingen sprechen, möchte ich dich etwas fragen. Du sagtest einmal, und das klang ziemlich seltsam, ihr hättet in Skandinavien eine andere Auffassung vom Tod als wir in Ostmitteleuropa. Ich habe oft darüber nachgedacht, was das bedeuten könnte. Welchen Unterschied meinst du? Für mich ist das vielleicht eine der drängendsten Fragen, da ich mich ja mit nichts anderem beschäftige. Doch ich bin nicht weit gediehen. Mir scheint, es ist mir früher nicht einmal in den Sinn gekommen, daß man eine andere Beziehung zum Tod haben kann als die, die man eben hat, besser gesagt: eben nicht hat. Es läßt sich schwer eine Methode vorstellen, um sich dieser Frage anders anzunähern, denn die Schwierigkeit besteht ja eben in der Unmöglichkeit der Annäherung. Worin siehst du diesen Unterschied? Überhaupt, woran dachtest du?

Ich weiß es nicht. Kannst du dich nicht genauer erinnern?

In welchem Zusammenhang wir davon sprachen?

Ja.

Daran erinnere ich mich nicht. Eher erinnere ich mich an den Ton der Aussage, denn sie klang wie ein Urteil, unwiderruflich. Möglicherweise sprachen wir darüber, wie du auf die klimatischen Verhältnisse in Ostmitteleuropa reagierst. Etwa davon, daß du in Schweden nie solche krampfartigen Kopfschmerzen hattest.

Mitteleuropa führt unvermeidlich zu chronischen Kopfschmerzen.

Zu Hause hattest du diese ganze Neigung zu Kopfschmerzen eher für eine eingebildete Krankheit gehalten. Doch wenn man nach Ostmitteleuropa kommt, so sagtest du, und erlebt diese Perioden tiefen Luftdrucks, dann versteht man es. Du sprachst auch irgendwie darüber, daß ihr Skandinavier sogar in einer anderen Beziehung zur Natur stündet. Was ich ebenfalls nicht verstehe.

Was verstehst du daran nicht?

Vielleicht hängen beide Fragen zusammen, denn wenn ich zur Natur in einer anderen Beziehung stehe, dann stelle ich mich auch anders zum Tod. Könntest du etwas dazu sagen?

Jetzt, wo du davon sprichst, kommt mir eine alte Notiz in den Sinn, aus der Zeit, als ich noch wie ein Besessener kämpfte, um diese mitteleuropäischen Menschen zu verstehen; es ist schon viele Jahre her. Heute bin ich nicht mehr so darauf aus, aber damals schien es mir, als hätte ich eine große Entdeckung gemacht: Es ging mir auf, daß man die Menschen hier um etwas beraubt oder betrogen hat; sei es um die Zukunft oder die Vergangenheit, sei es um die Freiheit oder die Moral. In diesem Teil Europas baut sich die ganze Existenz auf eben diesem Mangel auf. Die Notiz habe ich in diesem Zusammenhang niedergeschrieben, und es kann sein, daß ich einfach einen überhöhten Scherz darin sah, wenn ich mich an ihrem Schluß sogar bemüßigt sah zu fragen, ob diese Menschen nicht auch des Todes beraubt worden seien. So viel dazu. Gewiß steckte dahinter irgendein Gedanke, nur erinnere ich mich nicht mehr an ihn und will nicht versuchen, etwas aus heutiger Sicht zu rekonstruieren. Was aber die andere Frage betrifft, so bin ich nach wie vor fest überzeugt, daß in unserer Beziehung zur Natur durchaus bedeutende Unterschiede sind. Doch darüber haben wir schon oft gesprochen; gerade du hast mich zuerst darauf aufmerksam gemacht, daß die Völker des ehemaligen römischen Kulturkreises ihre Verbindung zur Natur heute beinahe völlig verloren haben. In diesen Ländern hat die Zivilisation ein schreckliches Niveau erreicht, auf dem die Natur ganz einfach keinen Platz mehr hat: allenfalls dann, nachdem man sie in Parks oder Gärten verwandelt hat. Für die nördlichen Völker bedeutet die Natur etwas ganz anderes, vor allem in Skandinavien, wo sie noch in Fülle vorhanden ist. Diese Fülle drückt natürlich allen, die dort leben, ihren Stempel auf; gerade dort, wo die Natur, wenn ich so sagen darf, noch göttliche Qualität hat. Habe ich dir noch nie diese Geschichte von der schwedischen Sprachlehrerin erzählt?

Möglich, daß du sie erzählt hast, wir erzählen uns alles immer sechsmal.

Gut, dann fasse ich mich das siebente Mal kurz. Ich habe eine gute Freundin, die Ausländer, Einwanderer, unterrichtet. Das sind meist recht gemischte Gruppen, aber sie hatte eine Gruppe, die hauptsächlich aus Afrikanern bestand. Meine Freundin nahm diese Gruppe auf einen Ausflug mit, weil sie sich auch darum kümmert, wie ihre Studenten die Freizeit verbringen. Sie brachen an einem schwedischen Sommertag auf und gingen in einen herrlichen Wald. Die Afrikaner brachten ihre Kofferradios mit, stellten sie schön laut ein, was der Schwedin nach einiger Zeit auf die Nerven ging. Sie wußte nicht, was tun. Nach einer Weile fragte sie, ob sie die Bitte äußern dürfe, die Radios abzustellen. Darauf wurden die Afrikaner still und stellten ab. So gingen sie in dem Wald weiter, bis sich erst eines der Kofferradios wieder hören ließ und bald darauf die anderen auch.

Diese Geschichte hast du noch nicht erzählt.

Was dieser armen Frau dann wirklich zuviel wurde. Sie drehte sich um und sagte, also, liebe Freunde, könntet ihr die Radios nicht doch abgeschaltet lassen? Seht doch alle die Wunder hier! Diese prächtigen Bäume, die Vögel singen so schön, alles grünt, die Sonne strahlt, und solche Wunder kann man doch nicht mit Musik aus einem Kofferradio vermischen. Die Afrikaner waren verdutzt, steckten die Köpfe zusammen und flusterten miteinander. Wahrscheinlich kamen sie zu der Erkenntnis, daß sie hier tatsächlich ein für allemal ihre Radios abschalten mußten. Der Ausflug wurde dann in angenehmer Weise fortgesetzt. Doch meine Freundin war die ganze Zeit über von Neugier geplagt, warum sie sich hatten überzeugen lassen, und so fragte sie am Abend, bevor sie sich trennten, wie es gekommen sei und was sie untereinander besprochen hätten. Das ist ganz einfach, antworteten sie, das verstehen wir auch, nur hättest du gleich sagen können, daß eure Götter hier in der Natur leben. Auch wir haben Götter, und auch wir dürfen sie nicht stören.

Und woher sollten sie gewußt haben, daß eure Götter in der Natur leben? Na gut, auch das ist eine Erklärung. Jetzt bin ich aber noch neugieriger geworden, warum du die Natur so betonst. Woran denkst du eigentlich, wenn du Natur sagst?

Ich glaube, ich denke an das, was die Zivilisation noch nicht gezähmt oder gebremst hat. Wo wir noch nicht unseren Stempel aufgedrückt haben. Die Natur ist für mich schön und unbarmherzig, im Grunde unheimlich. Sie ist teilnahmslos. In dem Sinne gehöre ich in den südeuropäischen Park; oder habe viel mehr Verständnis für den kakanischen Barock, als es mir eigentlich lieb ist. Und für dich? Was bedeutet sie für dich?

Für mich bedeutet sie wahrscheinlich das Ganze. Jenes Ganze, in dem ich mich letztlich nie auskennen werde, weil ich ein Teil davon bin. Vielmehr kann ich nur den Zusammenhang gewisser, auch mir einsichtiger Teile betrachten, ihre Verbindung mit diesem angenommenen Ganzen, das Ganze jedoch nie. Für mich ist es ebenso wichtig oder interessant zu beobachten, wie sie mich beherrscht, zu beobachten, ist da ein Unterschied, wie sie um mich herum herrscht und wie sie in meinem Inneren herrscht, oder ist es jeweils das gleiche? Mit meinem Verstand hingegen – oder mit meiner Fähigkeit zu denken – bin ich nur der Beobachter dieser Geschehnisse, diese Geschehnisse spielen sich zumeist unabhängig von meinem Willen ab, zum größten Teil auch dann, wenn sie in mir drinnen geschehen. Wenn etwa im Lauf eines Baches Kiesel und Steine allmählich zu einem Damm anwachsen, dann kann ich das sehen, aber den Klumpen, der in einer Ader den Blutstrom staut, sehe ich nicht. Ich habe eine Grunderfahrung. Ich schaue mir gern Bäume, Gräser, den Himmel an, das tue ich lange und oft, und doch habe ich ständig den Eindruck, daß ich nicht ihr neutraler Beobachter sein kann. Und gerade deshalb verstehe ich den Drang des Menschen, die Umwelt, die Natur oder seine eigene Natur zu zerstören. Denn ich sage von einer Landschaft, sie sei wunderschön, doch das Wunder dauert ja nur so lange, wie ich es in Augenschein nehmen kann, wie ich es in seinem Sosein akzeptiere. Und dann ist sofort Schluß, es wird zu einem Gegenstand und zu einem Verhältnis, und zwar zu einem nützlichen oder unnützen, und von da ist es nur noch ein Schritt zur menschlichen Willkür. Sagt man von einer Landschaft «Ach, wie wunderschön», so hat man sie in diesem Augenblick seinem eigenen Begriffssystem untergeordnet, die Empfindung hat über die Wahrnehmung Oberhand gewonnen, und damit bereitet man dem Wunder denn auch ein Ende.

Wenn man es formuliert.

Mit der Formulierung selbst. Das verwirrt mich. Und ich weiß nicht, was mit dieser Verwirrung anfangen. Diese unsere Sätze sind vielleicht deshalb so formell und banal, weil sie sich die Natur als etwas außerhalb von uns Stehendes vorstellen. Für mich ist die Natur etwas, das nicht für sich und unabhängig von mir besteht, sondern irgendwie etwas, das auch in mir waltet. Trenne ich da, so kann das Außenstehende mit dem, was in mir herrscht, genausowenig anfangen, wie das, was in mir herrscht, das Draußen verstehen kann. Eben mit meiner Formulierung, mit der sprachlichen Position, mit meinen Begriffen trenne ich das, was zusammengehört. Und ich trenne es auch, weil ich nicht dahinterkommen kann, wie diese Zusammengehörigkeit aussieht.

Hat das, was du Natur nennst, eine ursprungliche Qualität, eine Farbe? Kannst du es mit etwas in Verbindung bringen, was etwa Unschuld oder Grausamkeit genannt werden könnte?

Nein, weil Natur nicht mit moralischen Werten in Verbindung zu bringen ist. Sagte ich, sie sei unschuldig, so wäre das bereits ein Urteil. Und wenig später würde ich behaupten, sie sei schädlich, und dann wäre es nur noch ein einziger kleiner Schritt, um sie als sündig abzustempeln. Der Wind ist nicht sündig, wenn er einen Baum zerzaust oder spaltet, obwohl es dem Baum nicht gleichgültig sein kann, vielleicht ist es für den Baum schrecklich, daß ihm das widerfahren ist.

Und sie ist auch nicht stumm oder unerreichbar?

Nein, sie ist nicht stumm und unerreichbar. In gewissem Sinn verblüffen mich ebenjene Attribute und Adverbien, mit denen wir das Zusammengehörige in Äußeres und Inneres trennen und das Eine so entzweien, wie unsere Begriffspaare es verlangen. So, wie es ist, wenn man die Natur filmt. Ursprünglich sollte der Film dazu dienen, mich in meinem Wahrnehmungsprozeß zu bestärken, die neutrale Wahrnehmung auszudehnen und zu schärfen, aber gerade damit läßt er die Zusammenhänge verschwinden. Vergeblich sehe ich den Wald aus der Vogelperspektive oder das Auge der Ameise in tausendfacher Vergrößerung; ich kann mir solche Filme bis zum Gehtnichtmehr anschauen, der Anblick wird dennoch jene Zusammenhänge verdecken, auf die ich neugierig war, als ich zu filmen begann. Wie soll ich es sagen? Ich höre lieber auf.

Hör nicht auf. Mir scheint, du willst sagen, daß du die Natur nicht mit Göttlichem identifizierst.

Mit Göttlichem kann ich sie nicht identifizieren, denn das Göttliche verkörpert etwas, das über uns steht. Die Natur hingegen steht nicht über uns, sondern sie muß in uns sein. Das Göttliche personalisiert höchstens jenes Ganze, faßt höchstens im Begriff zusammen, was wir einmal als Äußeres, einmal als Inneres spüren. Sage ich Natur, dann denke ich meistens an den Wald, an einen Bach, an Blumen, an allerlei, das kreucht und fleucht, an Löwen; aber ich könnte ebensogut an meinen Blutdruck denken, meine Atmung, meine Stimmung, an meine Kopfschmerzen oder auch an mein Denken selbst. Schließlich sind erstere ebenso Teile ein und desselben Ganzen wie letztere. Und erst dann können die diesem Ganzen als Ganze innewohnenden Götter kommen.

Wahrscheinlich stelle auch ich mir die Natur so vor wie diese animalistischen Afrikaner, bloß mit einem wichtigen Unterschied: Diese von Gott bewohnte Natur muß gebändigt werden. Daraus ergeben sich natürlich moralische Wertvorstellungen und Ansätze; wogegen ich nichts habe, weil ich mehr Angst vor der Natur habe als vor dem Menschen und deshalb auf dieser unmöglichen, unpraktikablen Trennung bestehe. Aber das sind natürlich sehr heikle Fragen. So als wäre die Rede von den Intimitäten eines Volkes.

Oder den Intimitäten einer Person.

Die Schweden sind zwar sehr weltlich, gehen kaum zur Kirche, sind aber doch zutiefst religiös. Zutiefst religiös im Sinn von Mission und Moral, in dem Sinn, wie man sich in seinem Leben verhalten soll. Das sitzt auch tief in mir und macht mein Verhältnis zu den hier vorhandenen Auffassungen, jenen von mir freiwillig gewählten und auf mich verführerisch wirkenden Auffassungen, problematisch. Ich glaube daher nicht, daß ich bereit wäre, jene barocke Vorstellung, die zwischen Gott, dem Menschen und der Natur so große Distanzen schafft, vorbehaltlos zu akzeptieren. Wenn es mir niemand übelnimmt, dann würde ich sagen, daß mich eine wahre Haßliebe mit dem Barock verbindet: weil das Göttliche in dieser barocken Aufmachung für mich schwer verständlich ist. Es ist nicht nach meinem Geschmack. Das Göttliche oder Gott wird auf diese barocke Art nicht nur erhöht, sondern es entfernt sich auch von mir. Der Abstand wäre mir zu groß; vielleicht bin ich zu sehr zu einem Demokraten erzogen, um einem solchen Gott zu vertrauen. Das wäre für mich ein strafender und willkürlicher Gott, der eher auf einer Burg als im Himmel wohnt. In diesem Teil Europas sehe ich im Barock einen solchen Gott verkörpert, ich sehe darin seine grinsende Fratze. Aber es kann ja sein, daß in diesem Teil Europas Gott wirklich ein Despot ist.

Das glaube ich nicht. Die Unterschiede liegen möglicherweise in etwas anderem. Vielleicht könnten wir eher sagen, daß meine Vorstellungen von einem monotheistischen Gott bestimmt sind, deine Vorstellungen oder die Vorstellungen der in deiner Geschichte figurierenden Afrikaner hingegen eher von einem polytheistischen oder pantheistischen Gott. Wenn ich den Gott nämlich nicht stören darf, dann heißt das wohl, daß er sich in den verschiedenen Dingen der Natur manifestiert, und eine solche Vorstellung ist in den germanischen, skandinavischen oder auch afrikanischen Mythen verwirklicht. Ich hingegen spreche eher vom Gott der Juden, von Jahve, oder, wenn du so willst, von dem beinahe klein geschriebenen Gott der Protestanten, der mit dem mitteleuropäischen Barock mindestens so wenig gemeinsam hat wie mit den verschiedenen Pantheismen, existiert er doch eben im Gegensatz zu solchen Vorstellungen. Ich habe es noch nie laut ausgesprochen, doch meine Vorstellungen kehren eigentlich zu einer rigoros monotheistischen Vorstellung zurück, weil für mich nur ein Gott denkbar ist, der zugleich Schöpfer und Verwalter des Ganzen ist, der natürlich auch jeden kleinen Teil durchdringt, der aber als Teil nicht stärker existiert denn als Ganzes, und so kann ich die Erscheinungsformen nicht von dem tragenden Material trennen. Ich vermag das Material nicht als Werk des Demiurgen anzusehen, doch auch ihn nicht als jenen entfernten und fremden Schöpfer, wie ihn sich die Deisten dachten. Und so stört es mich auch nicht, wenn er tyrannisch, zürnend und strafend ist, weil das Eigenschaften sind, die nur im Beziehungsgeflecht verschiedener Eigenschaften Bedeutung gewinnen könnten. Er erscheint in Eigenschaften, welche aber auf ein Beziehungsgeflecht ebendieser Eigenschaften verweisen, auf ein Ganzes, das unteilbar ist und sich auch nicht in allerlei kleinen Gottheiten zur Erscheinung bringen läßt, auch nicht in Bäumen, in Bächen, aber auch nicht in Heiligen und allerlei kleinen barocken Torheiten; weder in Statuen noch in Reliquien, noch in Devotionalien, noch in Bildchen.

Der Katholizismus in dieser seiner mitteleuropäischen Variante ist ein Monotheismus, das ist klar, aber ein Monotheismus, der sich mit allerlei Ornamentik aufputzt und zu kleineren Gottheiten tendiert.

Er hat auf diese Art wohl sein eigenes Heidentum in sich eingeschlossen, auf diese Art die Götzen bewahrt. Er schleppt das Abbild des antiken Menschen mit sich und bringt es in Form von Reliquien und Heiligen zur Erscheinung.

Für mich hat das, ich sagte es ja schon, viel mit Geschmack zu tun. Und mit diesem Puppentheater, mit diesem Jahrmarkt, kann ich nicht viel anfangen. Natürlich, wie bei jedem Schauspiel kann ich auch hier eine gewisse Anziehung nicht leugnen.

Warst du schon einmal in Rom auf dem Petersplatz, wenn der Papst die Menge segnet?

Ja.

Als ich zum erstenmal in Rom war und mir das ansah, war ich wirklich baff. Es war wirklich so, als würde diese wunderbare, farbige, aus allen erdenklichen Teilen der Welt zusammengeströmte Menge sich ein Schauspiel ansehen. Sie beobachten jenes weit entfernte kleine Fenster, sie stehen unten, der kleine Papst oben, und sobald sie den Segen erhalten und damit die Vorstellung zu Ende ist, klatschen sie denn auch, wie es sich gehört. Ich habe beobachtet, daß bei diesem verblüffenden Applaus die Italiener das Kommando führen, auch die Schwarzen applaudieren gerne, die anderen jedoch vielleicht etwas kühler oder so, als fühlten sie, daß dieser Beifall, diese Freude darüber, daß die Vorstellung wieder gelungen ist, nicht ganz am Platz ist.

Sie haben Gottes Stellvertreter gestört...

Ich auf jeden Fall erstarrte richtiggehend. Sperrte den Mund auf. Weil das Unverhüllte daran schön war und das Theatralische interessant, aber völlig fremd. Hätten die Leute getanzt, wären in Ekstase verfallen, dann wäre es mir vielleicht nicht so fremd vorgekommen.

Aber es war dir fremd. In diesem Zusammenhang wäre bei mir vielleicht von einer gewissen Gespaltenheit zu sprechen. Jene Einstellung des barocken Katholizismus, die dazu neigt, das Leben als Schauspiel zu betrachten, finde ich sehr anziehend, während gleichzeitig alles, was in mir überliefert erscheint, eine solche Vorstellung total ablehnen muß, da eine solche Vorstellung mir doch nichts nützt. Es wird bestimmt sehr protestantisch klingen, doch wenn ich eine solche Vorstellung tatsächlich akzeptierte, dann könnte ich auch die Aufgaben nicht ernst nehmen, die ich in meinem Leben zu lösen habe.

Von was für Aufgaben sprichst du?

Wenn das Leben ein Schauspiel wäre, wenn es wirklich nur darum ginge, den gegebenen Augenblick zum Aussprechen entsprechender Wörter zu finden – ein solches Leben wäre mir, so töricht das klingen mag, nicht ernst genug.

Vorgestern hast du gesagt, du hättest dich durch Spiel gerettet. Durch Schauspielerei oder auch durch Fußballspielen. Jetzt aber sprichst du plötzlich von irgendwelchen Aufgaben. Wie soll ich das verstehen? Als einen Widerspruch?

Selbstverständlich.

Ist dann deine ganze protestantische Haltung aber nicht eher ein Gezappel, wie das eines Fisches im Netz? Du bist darin gefangen und kannst nicht heraus? Sich durch Spiel aus dem Netz der Aufgaben befreien? Doch was ist stärker? Der Zwang oder die Motivation?

Das Spiel, das Sichretten mit Schauspielerei, ist nichts als ein Hinausschieben, ein Versuch, Gefahren abzuwenden. Denn an der nächsten Ecke, entweder morgen oder übermorgen, beginnt dann das wahre Leben, und da wirst du vor deine Aufgaben gestellt.

Die du dann nach protestantischem System auch lösen kannst.

Nein. Vorgegebene Lösungen sind nicht gegeben, mir wenigstens nicht. Eher geht es darum, sich selbst in Bereitschaft zu halten, auf etwas zu warten, das vielleicht gar nicht eintritt, und tritt es doch ein, dann ist es nur mit deiner Bereitschaft zu beeinflussen; mag also alles Vorbereitung sein und bleiben.

Ja, das würde ich in der Tat einen protestantischen Gedankengang nennen. Eines der Grundprinzipien des Calvinismus führt das sehr schön und beinahe unbegreiflich aus. Aber wie zum Teufel heißt dieses Grundprinzip auf deutsch? Es ist mir entfallen. Calvins Determinationslehre. Oder ich weiß nicht. Weißt du nicht, wie es auf deutsch heißt?

Nein.

Na, egal. Jetzt fällt es mir doch ein: Alles, was du gesagt hast, würde sehr gut zu Calvins Lehre von der Prädestination passen. Du lebst in ständiger Bereitschaft, du erfüllst deine Pflichten, aber nicht daraus und nicht einmal aus der Qualität deines Handelns ergibt sich dein Heil. Das ist, oder es ist nicht.

So habe ich das nicht gemeint.

Mit der täglichen guten Tat oder mit Ablaßzetteln ist es auf jeden Fall nicht zu erlangen, nicht zu erkaufen. Diese Lehre hat auch mich tief beeindruckt, trotzdem möchte ich jetzt einen großen Sprung machen und über etwas ganz anderes mit dir reden, über etwas, das scheinbar mit diesen abstrakten Fragen nichts zu tun hat. In diesen fünfzehn Jahren, seit wir uns kennen, bist du ständig gereist. Du hast die mittel- und osteuropäischen Länder mehrere Male bereist, hast lange Zeitspannen in deren Hauptstädten verbracht, du kennst mindestens vom Sehen alle Regionen und Winkel dieser Länder, hast überall gute Freunde, machst immer noch Reisen. Ich sitze eher an einem Ort, für mich wäre ein solches Leben unvorstellbar. Wenn du diese Länder vergleichen müßtest, von welchem könntest du sagen, daß du dich dort am ehesten zu Hause fühlst? Aber ich könnte auch umgekehrt fragen, welche waren die fremdesten?

Ich glaube, ich habe mich in der Tschechoslowakei und in Ungarn am wohlsten gefühlt. Die Balkanländer sind fremd beziehungsweise exotisch geblieben. Und vielleicht Polen.

Ist auch Polen fremd geblieben?

Auf jeden Fall anders. Fremd in dem Sinn, daß seine Eigenart mit meinem Ich, meiner Persönlichkeit, nicht wirklich harmoniert.

Und wenn du Tschechoslowakei sagst, bedeutet das eher Tschechien?

Ja, ja.

Wann warst du das erste Mal in Ungarn?

Vierundsiebzig, glaube ich.

Als wir uns das erste Mal trafen?

Es muß damals gewesen sein, meine ich.

Erinnerst du dich noch, welches deine ersten Eindrücke waren? Ich meine, was die Menschen und die Atmosphäre hier betrifft.

Ich war nach Budapest gekommen, verbrachte praktisch die ganze Zeit dort und sah kaum etwas anderes. Mein Eindruck war, daß dies eine höchst vielseitige Großstadt ist, und diese Vielseitigkeit entstand ausschließlich durch die Menschen. Ich traf sehr viele Menschen; intelligente, hochgebildete, aber auch zerbrochene Menschen. Dennoch hatte ich den Eindruck, daß ich nur einen winzigen Teil der Budapester Gesellschaft sah, sozusagen die Spitze des Eisbergs. In Stockholm hätten die Leute, die ich hier traf, sicher über ein großes Ansehen verfügt, doch hier hatten sie kein Ansehen oder nicht viel. Und das war, so schien mir, nicht so sehr die Folge der politischen Umstände, sondern ergab sich aus der Tatsache, daß in dieser Stadt einfach überaus viel war von dem, was Ansehen und Bedeutung verdiente. Eine sehr vielseitige und bunte Stadt, obgleich grau, von dem durchdrungen, was ich vorhin als Zivilisation bezeichnete, weil es sich ganz bewußt gegen die Natur stellt. Ich bin ausgesprochen urbanen Menschen begegnet, Menschen, die durch die Geschichte und ihre Erkenntnisse einigermaßen niedergewalzt waren. Sie atmeten schwer, beugten sich über irgendein Papier oder auch über gar nichts; alle rauchten. Die meisten hatten Gesichter, die nicht zu ihnen paßten. Aber ihre intellektuellen Gesten waren sehr schön, voll, ästhetisch abgerundet. Das hat mich damals sehr beeindruckt.

Hat sich deine Meinung mit der Zeit geändert? Oder hattest du später auch andere Erfahrungen?

Im Grunde genommen hat sich meine Meinung nicht geändert. Ich habe noch immer den selben Eindruck... obwohl ich jetzt besser sehe, daß auch viel von Spiel und Täuschung dabei ist; und nicht einmal ein so solides Spiel, wie man vielleicht annehmen möchte. Dank meinem Beruf bin ich mit den verschiedensten Budapester Kreisen in Berührung gekommen, mit intelligenten und interessanten Leuten, die einander völlig unbekannt waren, in einem je ganz anderen Milieu lebten. Das hat auch etwas Trauriges; doch dadurch ist die Stadt, das Leben in dieser Stadt unübersichtlich, und das ist sehr schön.

Und fandest du nichts abstoßend? Du hast doch einmal gesagt, und das war wiederum eine Aussage, die tiefe Spuren in mir hinterlassen hat, die Ungarn hätten keinen Geschmack. Die Ungarn hätten nicht das Problem, einen schlechten Geschmack zu haben, sondern sie hätten überhaupt keinen. So hast du es wörtlich gesagt. Ein andermal warst du der Meinung, unter den dir bekannten Sprachen sei Ungarisch die scheußlichste.

Peterchen...

Und du hast das damit begründet, daß der Tonfall, das ewige Absenken, die Intonation nicht nur melancholisch, sondern ausgesprochen...

...depressiv!

...mache. Warum hast du das so gesagt?

Ich glaube, ich habe das so gesagt, weil ich letzten Endes nur bei euch, bei Magda und dir, Dinge sah, die meinen Vorstellungen von Schönheit entsprachen. Ich weiß auch nicht, wie wir darauf gekommen sind...

Auf diese Sätze?

Habe ich sie nicht in irgendeinem Zusammenhang gesagt?

Überhaupt keinem Zusammenhang. Wir gingen in der Stadt spazieren. Und plötzlich waren da diese zwei Aussagen. Mir stockte der Atem. Ich faßte es als Provokation eines verwöhnten Westlers auf, aber ich war unfähig, darauf zu kommen, was dich zu dieser Provokation verleitet hatte.

Die Häßlichkeit der Stadt vielleicht.

Auf jeden Fall habe ich sie nicht vergessen, und sie beschäftigt mich oft. Was du über die Sprache sagtest, war zuviel und ist zuviel, ist unakzeptabel. Was du in bezug auf den Geschmack behauptet hast, würde ich dagegen nicht völlig ablehnen. Ich würde das Phänomen allerdings auf historische Gründe zurückführen und nicht unbedingt mit Prädestination erklären.

Wenn ich eine oberflächliche Erklärung suchte, würde ich bestimmt ähnliche Gründe finden. Trotzdem würde der Eindruck noch immer bestehen.

Darin magst du wohl recht haben, da ja Häßlichkeit oder Schönheit jenseits oder diesseits jeglicher historischen Erklärung sind.

Nehmen wir also Budapest als Beispiel. Eine wundervolle, ideale Lage, um etwas Urbanes hinzupflanzen; das ist denn auch ordentlich geschehen. Die Stadt hat eine ergreifende Monumentalität, schon ein wenig ins Lächerliche umschlagend, obwohl diese Monumentalität von der Schönheit der Lage ein bißchen gemildert wird. Willst du aber aus dem Ganzen ein schönes Detail für dich selbst herausnehmen oder etwa einen einzigen gemütlichen Winkel suchen, findest du so etwas in dieser Stadt nur mit großer Mühe. Für das alles könnte ich natürlich auch allerlei historische Erklärungen hervorgaukeln, ich könnte es mit dem Kommunismus erklären, mit den Kriegskatastrophen oder mit dem ganzen kakanischen Durcheinander. Dennoch fürchte ich, daß eine solche Suppe allzu dünn wird.

Sollte ich für diese ganze ästhetische Katastrophe eine geschichtliche Erklärung suchen, dann würde ich noch weiter gehen als bis zur Monarchie, den Kriegen und dem Kommunismus. Ich würde eher jene sich wiederholenden Phänomene untersuchen, die es nicht gestatteten, daß sich eine selbständige ästhetische Erscheinungsform herausbildete. Ich würde fragen, was die Bedingung für die Herausbildung einer selbständigen ästhetischen Erscheinungsform ist.

Als ich damals von der Häßlichkeit Budapests sprach, hat da meine Beobachtung etwas in dir bestärkt, was dir schon vorher bewußt war, oder hat es dich gerade deshalb so erschüttert, weil du vorher überhaupt nie so etwas gedacht hattest?

Ich hatte nie so etwas gedacht. Doch ich hatte schon darüber nachgedacht. Ein anderer Schwede hatte mich schon einmal darauf hingewiesen. Wie hieß doch dein Bekannter, bei dem wir uns kennengelernt haben?

Göran Frenne.

Natürlich, Göran. Er hatte vorher bereits etwas Ähnliches in sehr ähnlicher schonungsloser Art gesagt. Was zweimal gesagt wird, muß sich festsetzen. Göran Frennes Aussage verblüffte mich nur, deine Aussage dagegen erschütterte mich wirklich. Weißt du noch, er wohnte oben auf der Burg, wir hatten uns auf irgendeinem Empfang kennengelernt, und er hatte mich zum Abendessen eingeladen. Es war ein Sommerabend, irrsinnig heiß, die Fenster, die Balkontür waren offen, und als ich bei ihm ankam, traten wir im Gespräch auf den Balkon hinaus. Unter uns summte die Stadt, Lichter spiegelten sich auf der dunklen Donau, das Parlament war beleuchtet. Ein sehr gutes Gefühl ergriff mich, und zwar gerade seinetwegen. Ich freute mich, daß dieser sympathische Fremde an diesem erlesenen Punkt der Stadt wohnte, im Besitz jener Schönheit, die meine Heimat und meine Geburtsstadt sind. Der freigebige Stolz des Lokalpatrioten – mit diesem Gefühl wandte ich mich an ihn, im Plauderton, und doch geriet mir mein Satz zu einer Art Ausruf, daß dies nun aber wirklich schön sei. Verwundert sah er mich an: Was soll da schön sein? – Das beleuchtete Parlament und die Donau und diese Lichter, das alles wäre nicht schön? – Ein Fluß könne im Prinzip nicht häßlich sein, sagte er darauf, ja, dieses Gebäude aber sei ausgesprochen und entschieden scheußlich und mache auch noch das häßlich, was eindeutig schön sein könnte. Worauf ich nichts zu sagen fand, ich schaute nur, wie das Gebäude dort fremd und erleuchtet stand. Doch wie hätte ich es als häßlich ansehen können, da es doch nun einmal etwas symbolisiert oder bedeutet, das weder mit Schönheit noch mit Häßlichkeit zu tun hat.

Es war etwas, das du kanntest.

Etwas, das ich zu gut kenne, um seine Schönheit oder Häßlichkeit beurteilen zu können. Als ich ein kleines Kind war, kletterte ich zum Beispiel immer gern auf den Rücken der Löwen, die vor dem Eingang sitzen. Und dann war da auch sechsundfünfzig...

Durftest du hinaufklettern?

Damals durfte man noch hinaufklettern, es war ja noch vor dem Jahr jener Wende bei uns. Jeder durfte noch hinaufklettern. Und damals war ein sonniger Vormittag auf diesem Platz noch ganz anders. Ein schon sehr trauriger Kossuth stand dort im Kreis seiner verzagten und hoffnungsvollen Anhänger, und doch war der Platz nicht so öde wie jetzt und hatte auch noch nicht die heroische Leere, die er nach den Salven von sechsundfünfzig erhielt. Zwar waren die Herren offensichtlich durch das Geschehene klüger geworden, sie räumten ihn leer, machten ihn übersichtlich, damit er beim nächstenmal noch besser zu beschießen wäre. Doch wer hätte überhaupt noch Lust gehabt, dorthin zu kommen? Der Platz, der in meinem Gefühl lebt, ist voll junger Mütter, die ihre Kinder dorthin zum Spielen bringen und die, während wir auf den Löwen herumklettern, Roller fahren und in die Pedale unserer Dreiräder treten, ihre Kinderwagen hin und her schieben, schwatzen und lärmen. Daran erinnere ich mich. Es war ein Platz, auf dem man spielen konnte, es war ein Gebäude, in dessen geheimnisvollem Inneren immer etwas geschehen konnte, manchmal wurde das große Eisentor geöffnet und feierlich gekleidete Leute kamen heraus oder gingen hinein, was niemanden sonderlich interessierte. Ich erinnere mich genau daran, wie ich mich auch mitten in derartigen Zeremonien damit quälte, auf die Löwen zu klettern. Und deshalb können diese Löwen für mich bis heute weder schön noch häßlich sein, es sind meine Löwen.

Nur die Löwen deiner Kindheit.

Und dann kam sechsundfünfzig, als ich dort in dieser unübersehbaren warmen Menschenmenge vor dem Gebäude stand. Was wiederum weder mit Schönheit noch Häßlichkeit verknüpft werden kann, da das Ereignis einfach außerhalb dieses Kreises liegt. Oder ich weiß nicht wo. Auf jeden Fall ist es stärker, es überdeckt den Aspekt des ästhetischen Urteils. Was anderes konnte ich also tun, als mit offenem Mund zu staunen, aber ich mußte Görans Urteil akzeptieren, da ich ja selbst in einer fremden Stadt aufgrund ähnlicher Gesichtspunkte urteile. Manchmal sage ich von ganzen Städten, sie seien scheußlich, manchmal sage ich, das ist wirklich schön. Die Franzosen etwa tun sich groß mit ihrer «Place de la Concorde». Für mich ist das einer der scheußlichsten aller denkbaren Plätze. Unproportioniert, bombastisch, öde und aufgeblasen. Auf diesem Platz hört all das auf, was man im Denken der Franzosen schön oder anziehend finden mag. Über diesem Platz hat sich der penetrante Gestank des Reichsgedankens breitgemacht. Wenn ich das einem Franzosen sage, wie ich es, deinem Beispiel folgend, auch tat, werde ich ihn tödlich beleidigen.

Als Ungar kannst du einen Franzosen nie beleidigen.

Das ist wieder eine andere Frage. Was ich meine, ist, daß dieser Franzose ja nicht sieht, was sich da wie aufbläst. So wie auch ich nur den Löwen sehe. Auch heute sehe ich nur, daß Rücken und Schwänze der Löwen vor Abgenutztheit glänzen, von all den Kindern, die auf ihnen herumgerutscht sind. Was nicht heißen soll, daß ich das Urteil des Fremden nicht akzeptieren oder für unwichtig halten würde. Es räumt eine Möglichkeit ein. Nein, es zwingt mich vielmehr dazu, etwas Allzubekanntes ganz unerwartet von außen zu sehen, durch eine andere Seele zu erleben und aus dem Gesichtswinkel fremder Teilnahmslosigkeit zu meinen eigenen Erlebnissen zurückzukehren.

Und wie denkst du jetzt darüber?

Deine Beobachtung verblüffte mich, verblüfft mich bis heute, obwohl ich seitdem auch anders auf diese Dinge achte. Dein Satz hat mir gründlich zu schaffen gemacht.

Aber eben das möchte ich wissen, wie denkst du heute über diesen Satz? Welche Bedeutung hat er für dich?

Was weiß ich... vom psychologischen Standpunkt wüßte ich ihn auch jetzt nicht zu erklären. Ich fasse ihn als eine Art Provokation oder als Rache auf. Es ist ein Satz, den man alles in allem nicht sagt. Wenn ich die Wohnung eines Fremden betrete, sage ich nicht, die Einrichtung sei geschmacklos, und beim Abendessen sage ich auch nicht, das Essen sei ungenießbar. Ich muß sagen, es sei alles sehr angenehm und so freundlich sei ich noch nie bewirtet worden.

Entschuldige mal, jetzt sprichst du doch eher vom guten Ton zwischen Leuten, die sich nicht besonders nahestehen und das vielleicht auch gar nicht wünschen.

Ich wollte nur darüber Rechenschaft geben, wie sich dein Satz bei mir einordnet. Ich versuche, eine Erklärung dafür zu finden, woher diese Provokation kommt, warum du diese unanständige oder zumindest ungewohnte Formulierung für nötig hieltest. Und um das sichtbar zu machen, habe ich den wohlanständigen oder zumindest gewohnten semantischen Satz danebenstellen müssen. Denn der Unterschied zwischen den beiden Formulierungen bringt mich auf den Gedanken, daß du mit dieser Provokation unbewußt oder gerade absichtlich die Grenzen unserer Beziehung oder Freundschaft abtasten wolltest. Wenn ich beim Anhören eines solchen Satzes eine beleidigte Miene ziehe, dann bedeutet das für die Belastbarkeit und Eigenheit dieser Beziehung bestimmt etwas anderes, als wenn ich staune, lächle, lache, diskutiere oder einfach nachdenklich werde. Ich habe den Satz hingenommen, die Provokation akzeptiert und damit dich akzeptiert, was aber nicht erklärt, warum du sie für nötig gehalten hast.

Wahrscheinlich deshalb, weil die Schönheit deiner Stadt sich mir nicht offenbart hat.

Gut, ich bin sein Freund, sagt man sich in einem solchen Fall, fragt sich jedoch gleichzeitig, warum der andere es für nötig hält, sich dessen auf so negative Art zu vergewissern. Einmal habe ich mir dir gegenüber eine ähnliche Provokation erlaubt, oder zumindest stellte ich deine Toleranz auf die Probe. Ich weiß nicht mehr, was später war und was früher. Es passierte, du erinnerst dich sicher auch daran, als wir nach Siebenbürgen fuhren. Ich glaube, wir hatten die Gräßlichkeit von Marosvásárhely schon hinter uns, waren vielleicht unterwegs nach Brasov, die Straße war leer, die Sonne schien leichtsinnig, und alle vier freuten wir uns, daß wir auch da mit heiler Haut davongekommen waren. Susanne fuhr, du saßest neben ihr, auf dem Hintersitz Manuel Lucbert und ich. Ihr spracht vom nationalen Bewußtsein, wenn du dich erinnerst. Es begann zwischen euch wie ein angenehmer, humorvoller, fachlicher Gedankenaustausch. Vielleicht hast du angefangen, vielleicht Manuel, später mischte sich auch Susanne ein, und auch ich redete dazwischen, wir beide aber nur wie die Kleinen, wenn sie bei dem Gedankenaustausch der Großen dazwischenreden. Ihr beide erörtertet die Aggressivität der verschiedenen Nationen, und irgendwie brachtet ihr das in Zusammenhang mit ihrem Magen. Ihr wart euch darin einig, daß es auf der Welt nur zwei Küchen gebe, die chinesische und die französische, und auch wenn außer Zweifel steht, daß auch Italiener oder eben auch Ungarn kochen, so existiert dennoch weder eine italienische Küche noch eine ungarische Küche. Ich quakte etwas von der alten Siebenbürger Küche dazwischen, aber ihr winktet nur ab, das seien Einflüsse aus dem Balkan und höchstens Speisen, doch nicht Speisen machten eine Küche aus. Und auch darüber war zwischen euch der fachliche Konsens vollkommen, daß die Polen schrecklich seien, die Ungarn schrecklich seien und die Franzosen ebenfalls zu den Nationen gehörten, die am schrecklichsten sind. Manuel erkannte das nicht nur eilfertig an, sondern empfand auch seine eigene Großzügigkeit, es anzuerkennen, als geradezu lustvoll.

Wir amüsierten uns offenbar fürstlich, obwohl ich mich daran nicht mehr so genau erinnern kann.

Und dann behauptetet ihr zwei, Susanne und du, dort auf dem Vordersitz, daß die Schweden von nationaler Gesinnung völlig frei seien.

Na, siehst du!

Da erlaubte ich mir die bewußte Provokation. Da es nun einmal keine schwedische Nation gibt, ist es leicht für euch, auch keine solche Gesinnung zu haben. Ein Glück, daß ihr nach vorn saht; ich konnte die Wirkung des Satzes nur an eurer Haltung von Hals und Kopf in Augenschein nehmen. Ich sah wohl, daß ich die Grenze überschritten hatte, ihr wurdet beide auf eben die gleiche Art steif. Das Steuer erstarrte in Susannes Hand, du aber stemmtest dich nach hinten wie bei einer abrupten Bremsung.

Und so mußten wir weiterreisen...

Ihr mußtet weiterreisen, Susanne konnte den Wagen nicht gut gegen einen Baum steuern, und du konntest mich nicht hinausschmeißen. Auch von Manuel kam ein Schweigen herüber, als sei er dabei, abzuwägen, ob er über diese starke Wirkung lachen dürfe. Zum einen konnte ich mir diese starke Provokation erlauben, zum anderen wollte ich die Grenzen abtasten. Wenn in den Schweden keinerlei nationale Gesinnung ist, dann bitte, wollen wir doch mal sehen, ob es so ist. Aber ich muß zu deiner Provokation zurückkehren, weil ich hoffe, daß mit der einen die andere zu erklären ist. In den vergangenen Jahren hat mir dein Satz viel zu denken gegeben, und ich bin zu dem Schluß gelangt, daß Unabhängigkeit und Streben nach Unabhängigkeit beziehungsweise Mangel an Unabhängigkeit in einer sehr engen Beziehung zum Geschmack stehen müssen. Klar, daß ich ohne deinen unangenehmen Satz an so etwas überhaupt nicht gedacht hätte. Wenn ein Land nicht unabhängig ist, so müssen mit der Zeit die Züge der Abhängigkeit auf seinem Gesicht erscheinen. Doch es kann auf Unabhängigkeit nicht verzichten, und so werden auf demselben Gesicht auch die Züge eines gegensätzlichen Strebens erscheinen. Als würden Reaktion und Gegenreaktion den Charakter selbst auslöschen. Und es ist möglich, daß auf dieser Ebene der Formen, des Geschmacks sich der Charakter tatsächlich verliert. Es ist mir ja nicht möglich, nicht anzuerkennen, daß ich mich in einem Zustand der Abhängigkeit befinde, und diese Anerkennung wird zum Charakterzug der Hinnahme;

dagegen ist es mir nicht möglich, nicht danach zu streben, unabhängig zu werden, was wiederum zu einem Charakterzug des Strebens und der Ablehnung wird. Diese gegenteiligen Charakterzüge sind auf der psychologischen Ebene vereinbar, auf der Ebene des Geschmacks aber wahrscheinlich nicht. Was auf dieser ästhetischen Ebene für einen außenstehenden Betrachter einfach bedeutet, daß es hier keinen ausgeprägten Geschmack gibt. Oder er muß an einem einzigen Gegenstand so gegensätzliche, einander durchkreuzende Bestrebungen feststellen, daß sie die ästhetische Souveränität des Gegenstandes in Frage stellen. Ich muß dir recht geben. Es nützt nichts, wenn ich weiß, daß dieser Gegenstand aus diesem oder jenem Grund geworden ist, wie er ist; die Gründe erklären höchstens seine Schönheit oder Häßlichkeit, doch kann ich mit der Erklärung nicht mein ästhetisches Erleben verändern. Die Architekten der Warschauer Altstadt haben sich umsonst bemüht, diese den Polen so teuren Häuser wieder aus Schutt und Asche hervorzuzaubern, ich kann nur sehen, daß sie ein Dekor gebaut haben, das an ein altes Städtchen erinnert. Da ist, sagen wir, insofern ein Unterschied, als ich in Warschau dieses ästhetische Elend klarer sehe als in Budapest, besser gesagt, schmerzt mich dort etwas mehr in den Augen, was mir hier eher im Herzen weh tut. Oder da ist der Plattensee, der ein noch besseres Beispiel wäre als Budapest. Dieses Wunder der Natur, wenn wir schon im Zusammenhang mit der Natur von Wundern sprechen, ist hier vom Menschen ganz und gar zunichte gemacht, zerstört worden. Eine vergleichbare geballte Geschmacklosigkeit läßt sich höchstens noch in Amerika finden. Jedes Haus, jede Hütte, jede Bude und jedes Gärtchen ist nicht nur nach dem Plan verschiedener Geschmäcker entstanden, sondern der Geschmack der Pläne selbst ist andernorts entlehnt. Diese Nation hat keinen Geschmack. Sähe ich es als Fremder, würde auch ich nichts anderes sagen. Ich sehe ja, da ist Bunker, Cinquecento, Moskauer Wohnsilo, Barock, Bauhaus oder Disneyland. Ich könnte aber auch sagen, es ist etwas verlorengegangen. Denn wenn du die frühere Architektur der Plattenseegegend betrachtest, dann ist deine Behauptung, daß diese Nation keinen Geschmack hätte, eben doch nicht haltbar; es ist eine Architektur, die durchaus von einem entschiedenen, ausgeprägten und souveränen Geschmack zeugt und sich höchst intelligent der Lebensweise, der Gegend und dem Klima anpaßt. Zweifellos ist sie spurlos untergegangen und hat die neue Bauweise nichts von ihr bewahrt, weder ihre Linienführung noch ihre Strukturen. Die ästhetische Katastrophe, die hier zu sehen ist, würde ich dennoch weder der Nation noch dem Kommunismus oder dem Sozialismus anlasten. Diese Häuser haben nicht die Kommunisten oder Sozialisten um den See herum gebaut, sondern besonnene Ungarn, die unter dem Vorwand der Gleichheitsidee, gleichzeitig aber auf der Idee der Unverletzlichkeit des Eigentums beharrend, sich die Möglichkeit schufen zu bauen, was und wie und wo sie wollen. Hinter der ästhetischen Katastrophe steht viel eher eine Ideenverwirrung. Wenn jeder gleich ist, dann muß jeder auf hundertzwanzig Quadratmetern an diesem Naturwunder teilhaben dürfen, auf denen er dann das Luftschloß der Eigentumsidee errichten kann. Das Pendant zu dieser grauenhaften Massengesellschaftsidee kann man allerdings an der Costa del Sol in einer westeuropäischen Sonderausgabe in Augenschein nehmen.

Du hast zuerst etwas über den menschlichen Hintergrund meines Satzes gesagt, oder besser: wie du diesen Hintergrund siehst. Wenig aber darüber, was mein Satz eigentlich aussagt. Davon hast du erst jetzt angefangen zu sprechen, zum Teil damit eine Antwort gegeben, trotzdem möchte ich gerne mehr darüber wissen, weil es mich befremdet, daß du diesen Satz nicht so lassen kannst, wie er halt ist, sondern gekränkt nach verborgenen Absichten suchst, die ich bestimmt nicht in ihm vergraben habe, ein Suchen, das eher mit dir selbst als mit meinem Satz etwas zu tun hat. Ja, ich möchte mehr darüber wissen, was für eine Bedeutung meine Aussage für dich hat, ob du sie immer noch als Provokation auffaßt.

Nachdem Göran Frenne jene Äußerung gemacht hat und dann du deinen Satz losgelassen hast, habe ich diesen Satz unzählige Male zitiert und auch mit anderen besprochen, dazu mit Leuten, die sich etwas denken und nicht die Neigung haben, alles auf Anhieb abzulehnen, und habe die Erfahrung gemacht, daß sie diese Behauptung so gereizt zurückweisen, als müßten sie sich irgendeine aristokratische Geschmacklosigkeit anhören... Wenn das Volk kein Brot hat, soll es Kuchen essen...

Ich bin aber kein Aristokrat.

Ja, das schmerzt mich sehr. Doch wenn sie es nun zurückwiesen, so sprachen sie eben in der Sprache deiner Prager Erlebnisse. Sie mußten es als Überheblichkeit auffassen, da sie ja keine andere Geschichte und Lebensgeschichte haben als die, die sie eben haben. Allenfalls träumen sie von einer anderen Geschichte, wünschen sie sich ein anderes Leben, aber wenn sie mit der Wirklichkeit der Überlegenheit konfrontiert werden, dann müssen sie eine solche Behauptung als persönliche Beleidigung auffassen. Du rührst da an ihre Wunden, greifst in ihre Krankheit ein. Gott sei Dank oder vielleicht eben dank irgendeines Unglücks leide ich selbst nicht an dieser Krankheit und betrachte also einen solchen Satz nicht sofort und unbedingt als persönliche Beleidigung. Nicht, daß mir der Ort, an dem ich lebe, nicht wichtig und lieb wäre. Im Gegenteil. Gerade deswegen kann ich mir das Beleidigt- oder Gekränktsein nicht leisten, weil er mir lieb und wichtig ist... Ich kann auch klarer antworten. Die zwei Sätze haben meine Aufmerksamkeit geschärft, meine Beobachtungsmethode verändert. Ich schaue die Straßen, die Häuser, das Benehmen und die Manieren der Leute anders an. Diese Veränderung ist natürlich auch dadurch verstärkt worden, daß ich ein Jahr, richtiger dreizehn Monate, im Westteil von Berlin gelebt habe und Budapest eigentlich zum erstenmal in meinem Leben sah, als ich zurückkam. Ich sah ganz andere Dinge als früher beziehungsweise bemerkte Phänomene, die ich davor nicht zur Kenntnis genommen habe. Ich habe an meiner eigenen Haut, und nicht nur an meiner Haut, in meinen Muskeln, meinen Eingeweiden, jene riesigen Unterschiede der Lebensweise erfahren, die Europa richtiggehend entzweischneiden. Ja, in meinen Muskeln. Denn selbst wenn ich wollte, daß meine Muskeln hier nicht verkrampft sind, so sind sie es eben doch. Ja, vom Wunsch nach Entkrampfung erstarren sie geradezu, denn auch für die Lockerung braucht es Kraft, und die erforderliche Kraft muß irgendwo entzogen werden. Wenn das aber mit den Muskeln so ist, warum sollte es nicht auch mit dem Denken so sein. Oder, du hast den Geschmack erwähnt: Wenn es mit den Muskeln und dem Denken der Fall ist, dann kann es auch mit dem Geschmack nicht anders sein.

Wie könnte es anders sein? Laß uns, bitte, jetzt über etwas sehr Schmerzliches sprechen; ich glaube, es wäre gut, von der Empfindlichkeit, der Kränkbarkeit des Ostmenschen zu sprechen. Denn ich glaube, es wäre auf der Ebene analytischer Betrachtung wirklich ein Irrtum, den westlichen Menschen nicht vom östlichen zu unterscheiden. Ich glaube diese Empfindlichkeit des Ostmenschen zu verstehen, ich sehe die offene Wunde, aus der sie quillt. Es ist die Empfindlichkeit des Mangels, der Komplexe, der Armut.

In diesem Fall würde ich eher von Ausgeliefertsein sprechen.

Gut, wenn du so willst. Ausgeliefertsein ist vielleicht der bessere Ausdruck dafür. Ich glaube aber, daß man sich sehr heftig dagegen wehren müßte, genauer, gegen das Gefühl des Ausgeliefertseins; so verständlich dieses Gefühl ist, so schädlich kann es auch sein. Der Ostmensch fühlt sich ausgeliefert; alle Schläge treffen ihn und nicht den Nachbarn, seine ganze Geschichte ist wie ein Gewitter, er kann nichts dagegen tun. Geschichte heißt also Schicksal, und der Ostmensch hat halt Pech gehabt. Deshalb leidet er, und würdest du, wenn auch kleinlaut und eher als Frage, die Vorstellung von persönlicher Verantwortung ins Spiel bringen, dann fängt er an zu hassen: dich und all das, wonach er sich heimlich sehnt. Mit solchen Menschen ist nicht immer einfach auszukommen. Der Westmensch ist oft nicht weniger gereizt. Er verliert die Geduld, fängt an, jenen Ostmenschen zu verachten, der, gleich Oblomow, nicht einmal bereit ist, das eigene Zimmer sauberzuhalten, weil die ganze Politik sowieso eine Schweinerei ist. Da liegt er auf dem Rücken im Bett und identifiziert sich mit den anderen Pechvögeln, also der eigenen Nation. Zwischen der Nation und dem eigenen Ich gibt es bald keine Distanz mehr, aber wenn sich jemand im Namen seiner Nation oder nationalen Geschichte beleidigt fühlt, dann ist das nach meinen Begriffen nicht besonders intelligent, nicht besonders klug, und es stimmt mich traurig. Die Distanz muß größer sein; nicht wegen der Nation, sondern wegen meines Ichs. Von jemandem wie dir erwarte ich nicht tiefe Betroffenheit oder Erschütterung, wenn gesagt wird, «Budapest ist häßlich» oder «Budapest ist schön». Aufrichtigkeit, und sei es auch in Form einer Provokation, wird da sehr schwierig, wenn sie immer mit der ganzen Geschichte oder der ganzen Nation zu rechnen hat.

Dürfen denn zwei Menschen, die miteinander im Gespräch sind, absehen von der Geschichte des anderen? Für mich bedeutet diese Frage die Herausforderung. Eine Herausforderung, die nicht von außen kommt, sondern meine eigene Angst stellt mich vor diese Frage. Denn wenn es zwischen dem Ich und den anderen keine entsprechende Distanz gibt, dann heißt das, daß ich nicht frei bin. Deshalb bringe ich die Freiheitsbewegungen mit der Geschmacklosigkeit in direkte Verbindung. Ist meine persönliche Freiheit zumindest rechtlich garantiert, dann kann ich auch in der Angelegenheit von schön und häßlich selbständig entscheiden, und der Geschmack kann ausschließlich einer Kette selbständiger und persönlicher Entscheidungen entstammen. Wenn jedoch meine persönliche Freiheit nur als Bestrebung vorhanden sein kann, weil es keine rechtlichen Garantien für sie gibt, dann kann meine Bestrebung nur in gemeinsamen Freiheitsbewegungen Gestalt annehmen, und gerade diese durch Zwang erforderlich gewordene Gemeinsamkeit wird mich der Möglichkeit selbständiger Entscheidungen berauben. Auch dort, wo es nur um das Schöne und Häßliche geht. Sehe ich mir mit den Augen eines Fremden Neubauten an, sagen wir die Neubauten in ungarischen Dörfern, so kann ich nur von dem sprechen, was ich sehe, denn ich sehe dahinter nicht die Geschichte, die sie zu dem und nicht zu etwas anderem gemacht hat. Sie entbehren wirklich jeden Geschmacks, soviel kann ich über sie sagen. Ich kann nur sehen, daß sie das eine hier, das andere dort entlehnt haben, aber ich finde keine Orientierungspunkte und bin nicht einmal neugierig auf sie. Und finde ich keine Orientierungspunkte, dann kann ich auch nicht beurteilen, warum man sie gerade so gebaut hat und warum gerade dorthin und nicht anderswohin. Seit dreißig Jahren werden in den ungarischen Dörfern Häuser so gebaut, als hätte die menschliche Lebensweise dort weder mit meteorologischen Verhältnissen noch mit geographischen Gegebenheiten etwas zu tun. In der Slowakei, im östlichen Teil Deutschlands oder in Polen stoße ich auf ganz ähnliche Probleme. Doch wenn ich ein Geschichtsbewußtsein habe, muß ich trotzdem fragen, was hier geschehen ist und warum es so geschehen ist. Das Emblem welcher Sehnsüchte sind diese Bauten? Ich muß das allein deshalb fragen, weil ich zum Beispiel in Dalmatien keine solchen ästhetischen Probleme habe. Und auch in Kopenhagen nicht und in Rom nicht. An diesen Orten kann ich beim Anblick eines nagelneuen Gebäudes bis zum Mittelalter oder geradewegs bis zur Antike zurückblicken und so die ganze Geschichte dieser Nation sehen. Und dann muß ich doch fragen, wie meine persönliche Geschichte von der Historie zu trennen sein könnte. Ist sie denn nicht in jeder meiner Gesten enthalten? Oder spricht der Geschmack nicht auf der Ebene der Gesten von der Geschichte? Aber lassen wir die Architektur, davon verstehe ich gar nichts; es ist mir etwas viel Einfacheres eingefallen. Vielleicht erinnerst du dich an die Szene, die sich ereignete, als du und Halina in Wien keine passende Wohnung fandet und in diesem noblen Hotel wohntet. Ich erinnere mich nicht mehr an den Namen, spielt auch keine Rolle. Ich kam auf einen Sprung zu dir herauf, ich war erschöpft und nervös und fragte, ob du etwas zu trinken hättest. Du machtest den Kühlschrank auf, darinnen sämtliche erdenkbaren Getränke, in kleinen Fläschchen, wie in den Hotels üblich. Wir schauten sie uns an, überlegten, ich bekam Lust auf einen Whisky, du hingegen entschiedest dich schließlich für einen polnischen Wodka. Du machtest meine Flasche ohne weiteres auf...

So frech?

Frech? Wieso?

Habe ich dich denn nicht gefragt?

Doch, doch.

Ich dachte, du meinst es so, daß du um einen Whisky gebeten hattest und ich hätte dir einen Wodka in die Hand gedrückt.

Nein, nein. Ich hatte um einen Whisky gebeten, du gabst mir einen Whisky, du aber entschiedest dich dafür, einen Wodka zu trinken. Es war ein polnischer Wodka. Ich sage, daß du meinen Whisky, dieses kleine Fläschchen, ohne weiteres aufgemacht und in ein Glas geleert hast. Dann hast du dich darangemacht, auch das gleich aussehende polnische Fläschchen zu öffnen, nur war das nicht so einfach. Zumindest nicht so, wie du es gewöhnt bist: eine Drehung, ein Knall, der kleine Verschluß springt ordentlich ab. Nun, dieser nicht. Löste sich weder nach der ersten noch nach der zweiten Drehung. Du schobst das Fläschchen völlig instinktiv beiseite. So wie jemand, der gar nicht bemerkt, daß er auf ein Hindernis gestoßen ist, da er ja daran gewöhnt ist, daß die ihm zur Verfügung stehenden Dinge gehorchen. Du nahmst dir also auch einen Whisky und schenktest dir ein. In dem Augenblick sind mir zwei Dinge aufgegangen. Einmal unsere wirtschaftliche und technische Misere, zum anderen der Unterschied zwischen unseren Welten, der sich auch in den kleinsten Gesten zu Wort meldet. Der schottische Whisky ist mit einer kleinen Bewegung zu öffnen, der polnische Wodka nicht. Ich dagegen kenne die Methode, mit der man eine solche nicht zu öffnende Flasche doch öffnen oder aufzwingen kann, weil ich mit solchen Flaschen lebe, mich ihnen anpasse, etwas anderes gibt es nicht. Den Verschluß des Mineralwassers von der Margareteninsel muß ich zum Beispiel seit Jahrzehnten mit einem Nußknacker öffnen. Das ist jedoch meine ureigene, dilettantische Methode; meine versierteren Mitmenschen haben ganze Werkzeuggarnituren erfunden und in Privatumlauf gebracht, mit denen schwer zu öffnende polnische, russische, bulgarische und tschechoslowakische Konserven sich öffnen lassen. Was bedeutet, man muß intelligente und für einen bestimmten Zweck zu verwendende Gegenstände erfinden, mit denen man unintelligent konstruierte Gegenstände doch gebrauchsfähig machen kann. Und wenn jeder Gegenstand so ist, denn jeder Gegenstand ist so, dann dient die Intelligenz des einen nicht der Intelligenz des anderen, sondern die Intelligenz bestimmter Leute ist der allgemeinen Nichtintelligenz dienstbar gemacht, doch können auch sie mit ihrer Intelligenz an der allgemeinen Nichtintelligenz nichts ändern, im Gegenteil, mit dem Dienst einer jeden solchen kleinen Entdeckung zementieren sie noch die allgemeine Herrschaft der Nichtintelligenz. Das aber ist die schreckliche Niederlage der Intelligenz, und ich muß mir diese Niederlage in jeder kleinen Geste zu eigen machen. Ich kann nicht davon absehen, da ich mit nichts anderem rechnen kann. Jede meiner Bewegungen paßt sich diesen Bedingungen an, ich bin so, und so ist jeder Zug meines Gesichts. Kommt mir eventuell einmal ein intelligent zu nutzender, normal und schön verpackter Gegenstand in die Hände, dann kann ich auch den nicht mehr so auspacken, wie es sich ziemte, weil ich jeden nützlichen Gegenstand als meinen Feind ansehen werde. Einmal gab mir Susanne eine Schachtel Schokolade . *Il defonso.* Jedes Stück mit einer einzigen schönen Bewegung so aus der Packung zu nehmen und sich in den Mund zu legen, daß man sich dabei die Finger nicht beschmutzt. So etwas ist eigens erfunden worden, und die menschliche Intelligenz ist so geartet, daß sie mit dem allergrößten Vergnügen einer solchen kleinen Entdeckung folgt.

Hinter einer solchen kleinen und unbedeutenden Entdeckung aber muß eine stabile Ordnung der Intelligenz stehen und eine Geschichte, in der eben das Erreichen dieser Stabilität das Ziel war.

Die Rationalität der Verpackung, das ist eine sehr wichtige Sache. Mit Halina erlebe ich das jetzt auf sehr intime und unmittelbare Art, was sich da für eine riesige Kluft auftut. Wie soll ich es nennen? Vielleicht die aufs Materielle gerichtete Lebenshaltung. Wenn sie an irgendeinem alltäglichen Apparat herumspielt, um hinter seine Mechanik zu kommen, so wird das zu einem ganz anderen Spiel als bei einem gleichaltrigen westlichen Jungen, der bereits in einer computerisierten Gesellschaft aufgewachsen ist. Der braucht die Gebrauchsanweisungen gar nicht zu lesen, weil er durch *trial and error* sehr schnell entdeckt, wie ein Gerät funktionieren muß. Ich bin zwar auch das Produkt dieser Gesellschaft, doch ich repräsentiere eine ihrer niederen Stufen, ich gehöre nicht zur Computer-Generation, und so muß ich lesen, was...

Weil du nein gesagt hast.

Weil ich wiederum nein gesagt habe. Und daher muß ich aus Angst, etwas falsch oder das Gerät kaputt zu machen, brav die Instruktionen durchlesen. Wenn hingegen Halina das macht, sieht die Sache ganz anders aus. Sie packt es begeistert und neugierig aus, sie ist noch immer entzückt von diesen funktionierenden westlichen Dingern, und will, ohne die Instruktionen zu lesen, daß sie sofort funktionieren; aber das ist ungefähr so, wie wenn ein Traktor auf einmal nicht mehr läuft, und ich haue ihm eins mit einem Eisen drauf. Es fehlt jede Vorbereitung oder Plan. Alles fehlt. Dieser Unterschied zwischen uns ist sehr auffallend für mich. Ich glaube, daß die westlichen Menschen sich auf einer Ebene der Industrialisierung befinden, mit der sich die Entwicklung in den vergangenen zehn, fünfzehn Jahren dermaßen beschleunigt und die gesamte Gesellschaft so durchdrungen hat, daß auch das menschliche Verhalten kybernetisch geworden ist, ohne daß sie sich darüber bewußt sind.

Was heißt kybernetisch geworden?

Was Kybernetik ist? Das Fundament der gesamten modernen Gesellschaft.

Die Kybernetik.

Die Kybernetik, ja. Die Menschen benehmen sich kybernetisch. Norbert Wiener, der diese Theorie eigentlich formuliert hat, würde wahrscheinlich sagen, die kybernetische Lehre handle davon, wie sich ein Organismus in einer sich fortwährend verändernden Umgebung orientieren kann, ohne seinen Weg und sein Ziel zu verlieren. Wie ist ein solcher Organismus, oder ein Mensch, fähig, alle Eindrücke der Welt mehr oder weniger gleichzeitig aufzunehmen, zu identifizieren und so umzuwandeln, daß er immer noch seine eigene Bewegungsrichtung beibehalten kann? Eben das ist heute vom westlichen Menschen gefordert; und ohne Hilfe Gottes. Gott ist tot, und mit ihm die herkömmliche, überschaubare Hierarchie unserer Werte. Für mich persönlich bedeutet das folgendes: Es ist eine fragmentierte Welt zu akzeptieren; die Welt ist in Fragmente und Ereignisse zerfallen, die fortwährend auf dich niederprasseln und die du mehr unbewußt als bewußt, aber ständig wieder zu einer Art Provisorium zusammenfügen mußt. Die Welt ist provisorisch geworden. Sie ist in ihren Umrissen vager geworden, es läßt sich über sie nicht viel Eindeutiges sagen, und die Menschen verhalten sich dementsprechend, und dieser Verhaltensmodus sitzt heute im Unbewußten oder eben im Rückenmark des westlichen Menschen. Wenn das, was ich sage, stimmt, könnte man natürlich sehr lange darüber diskutieren, was das vom Gesichtspunkt des Menschen bedeutet. Ob es gut ist oder schlecht. Wenn ich jedoch Halina beobachte, wenn ich ihre alltäglichen Bewegungen erlebe, auch die rein körperlichen, dann muß ich sehen, daß sie aus einer Zivilisation kommt, die noch nicht in die Welt des kybernetischen Verhaltens eingetreten ist. Ihr Gott lebt noch, Weltbild und Verhalten sind noch nicht fragmentiert, sondern ziemlich intakt, auch wenn sie begonnen haben, aufzubrechen und zu zerbröckeln, denn schließlich ist sie ja in den Westen gekommen. Vielleicht könnte man sagen, daß sie immer noch in einer heilen Welt lebt. Die im übrigen insofern noch hierarchisch aufgebaut und manichäisch eingefärbt ist, als es in ihr Dinge gibt, die wichtiger sind als andere, höhere und niedere. Und das ist eine recht strenge Hierarchie! Sie sagt zu mir: Warum erwähnst du sofort die Farbe Grau, wenn ich mit dir über Schwarz oder Weiß sprechen will? Im Zusammenhang mit bestimmten Dingen wäre sie unfähig, die Relativität zu akzeptieren, die wiederum zum kybernetischen Verhalten gehört. Sie versteht auch die Zeit anders; eine halbe Stunde früher oder eine halbe Stunde später spielt für sie keine Rolle, was zu einem noch charakteristischen Unterschied führt, nämlich daß sie sich nicht synchron verhalten kann. Sie kann nicht zwei oder drei Dinge gleichzeitig tun. Sie sagt zu mir: Wie kannst du Radio hören, während du die Zeitung liest? Der westliche Mensch macht das aber heute so, er tut drei oder auch vier Dinge gleichzeitig. Halina hingegen kann in der Küche noch immer nicht das Kochen eines Zwei- oder Dreiminuteneies mit dem Aufbrühen von Tee in Einklang bringen. Die fertigen Eier und der Tee gelangen nie gleichzeitig auf den Tisch, weil ihr Verhalten und ihre Mentalität nicht kybernetisch sind, sondern linear. Also von Punkt A zu B, dann von Punkt B zu C. Aber zweierlei gleichzeitig so zu tun, daß es im gleichen Moment beendet ist, das gelingt ihr nicht. Und wenn wir diese kleinen Phänomene und Beobachtungen aus meiner Welt, meinem intimsten Leben verallgemeinern und falls sie eine Bedeutung haben – und ich denke natürlich, sie haben eine –, dann muß man sagen, daß der Abgrund zwischen unseren beiden Welten um einiges tiefer und vielleicht unüberbrückbarer ist, als wir das früher gedacht hätten. Und dieses Festhalten an einer linearen hierarchischen Welt gilt nicht nur für Teewasser.

Na klar. Nur verstehe ich dann nicht, warum du dich so heftig wehrst, wenn ich behaupte, daß aufgrund meiner Umstände mein Gesicht so und nicht anders ist.

Es geht mir darum, daß daran nichts ist, was beleidigen oder kränken könnte. Weil es um die Richtung geht, darum geht es. Darum, worauf man ausgerichtet ist.

Das wollte ich hören. Wenn du nämlich behauptest, in der kybernetischen Gesellschaft funktionierten die wahren Hierarchien nicht mehr...

Die wahren habe ich nicht gesagt.

...dann möchte ich bitten, mir zu erklären, in welche Richtung du dich dann zu bewegen beliebst. Denn ich weiß, in welche Richtung ich mich bewege, und auch Halina weiß, in welche Richtung sie sich bewegen muß.

Wo ich nicht zuerst das Ei zu kochen habe, um dann das Teewasser in Angriff zu nehmen.

Wo ich zusammen mit Teewasser und Ei neue Dinge in Besitz nehmen kann, und mit den neuen Dingen neue Kenntnisse. Von mir aus gesehen ist das aber nichts anderes als reiner Utopismus. Eigentlich müßten sich zwei Utopien verschiedener Qualität in einer einzigen riesigen Utopie treffen. Die eine baut auf die grundlegendsten menschlichen Sehnsüchte, die andere auf die grundlegendsten menschlichen Bedürfnisse, und beide haben sich auf ein ewiges Dasein eingerichtet, das dann das Glück verheißen soll. Es ist auch klar, welche von den beiden utopistischen Gesellschaftsformen – gerade vom Standpunkt ewigen Daseins und Glücks – sich als höherstehend erweist, natürlich die, die nicht auf pures Wunschdenken, sondern auf die Vernunft gebaut hat. Denn je näher ich mit meinem Wunschdenken ans Ziel zu kommen suche, um so größer wird die Sinnlosigkeit der Vernichtung. Vor der Vernunft dagegen verblassen zwar Wünsche und Sehnsüchte, aber um so greifbarer und reicher werden die Strukturen, in denen ich selbst mein gutes oder schlechtes Schicksal bestimme, so daß ich dies zumindest die Welt der persönlichen Freiheit nennen kann. So wird dann für unsere auf Unvernunft gegründeten Gesellschaften jene Gesellschaft zur Utopie, die den Sehnsüchten entgegen auf die Vernunft baut. Und so bildet sich bei mir eine Hierarchie heraus, in der sich die menschlichen Sehnsüchte als tiefrangiger erweisen als die menschlichen Bedürfnisse. Beide sprechen wir von Ausrichtung, und doch sind unsere Vorstellungen verschieden. Denn wenn du sagst, der westliche Mensch müsse in dieser sehr fein und vielseitig strukturierten Welt die Richtung bewahren und auf dieser Bestrebung gründe sein Leben, dann muß ich sagen, daß du zwar sicher sehr realistisch denkst, nur eben jene Hauptrichtung nicht mehr kennst, auf die du dich ausrichten müßtest. Nicht du, ich erkenne mit meiner hierarchischen Denkweise die Richtung. Mein Streben jedoch hat sich in eine Richtung orientiert, die nun selbst keine vernünftige Richtung mehr darstellt; höchstens, daß sie um sich herum immer strukturiertere Formen und Gegenstände anhäuft, womit sie uns aber nirgendwo hinführt.

Nein. Ich glaube, das alles läßt sich anders formulieren. Die Richtung wahren! Wenn man dazu unfähig ist, geht man in dieser Gesellschaft zugrunde. Aus den organischen, totalitären, unter dem Mangel an Freiheit leidenden Gesellschaften herauszutreten, das bedeutet eine Art von neuem Zwang; das Bedürfnis seinerseits gibt eine Richtung an, eine zwangsläufige Richtung auf die kybernetische Gesellschaft zu. Dazu kennen wir keine Alternative. Doch an diesem Punkt muß einem zu Bewußtsein kommen, daß das ganze Ausgerichtetsein eigentlich ein Paradox ist, weil es kein Ziel hat, oder zumindest keines, das man mit Begeisterung akzeptieren kann. Und das ist eben traurig. Auch Halinas existentielle Traurigkeit kommt aus dieser quälenden Situation. Denn sie versteht ja, daß auch sie eines schönen Tages Teewasser so sieden und Eier so kochen muß, daß sie mit beidem im gleichen Augenblick fertig wird, aber sie fragt sich, warum und wozu das für sie gut sein soll.

Sie kann nicht ohne Hierarchie sein. Du sprichst zu ihr von Grau, während sie von Weiß und Schwarz zu sprechen wünscht. Und gerade diese grundlegenden Unterschiede der Lebensprinzipien verursachen jene Probleme, jene Schwierigkeiten des Verstehens oder der Kommunikation, die zwischen den Menschen aus dem östlichen und dem westlichen Teil Europas auftauchen. Ich kann noch so klug sein, und ich bin nicht dumm, doch wenn man mein Hirn ein Leben lang auf hierarchisches Denken dressiert hat, dann wird das zu meinem wahren Gesicht, so bin ich und nicht anders. Ich spüre über die Reihe von Niederlagen allenfalls, daß es auch eine andere Vorstellung von der Welt gibt, aber ich kann mein eigenes Ausgerichtetsein nicht einer Ausgerichtetheit anpassen, die die Hierarchie nicht kennt. Das führt zur Tragödie. Man ist zwar imstande, solche Dinge zu verstehen, aber man kann seine Gefühle nicht ohne weiteres umstellen. Der Verstand würde einen auf natürliche Art in diese Richtung ziehen, aber die Gefühle gehen nicht dahin, und deshalb kann man es auch nicht in überzeugender Weise tun. Oder, wenn man die Tragödie umgehen will, dann ist da eine neuerliche Utopie. Und wenn ich darüber spreche, so wird ersichtlich, daß auch ich mich an nichts anderem festhalten kann. Wenn die Veränderung, die jetzt in Osteuropa beginnt, eine Chance hat, dann werden wir notwendig zu einem Punkt kommen, wo sich eben diese beiden Verhaltensweisen, diese beiden Lebensauffassungen und Lebenstechniken gegenüberstehen. Oder auch scharf miteinander konfrontiert sind. Und in dieser Situation wird es wahrscheinlich nichts anderes geben, als daß beide ihrem eigenen Negativismus Rechnung tragen. Das heißt, sie werden nicht die Muße haben, den Negativismus des anderen zu akzeptieren. Was einerseits bedeuten könnte, daß sie beide gezwungen sind, etwas voneinander zu lernen, andererseits, daß aus dem gemeinsamen Lernprozeß ein Zukunftsbild entstehen könnte, über das im Augenblick keiner der beiden verfügt. Denke ich also utopisch, so halte ich es nicht für ausgeschlossen, daß in dieses gemeinsam gestaltete Zukunftsbild Hierarchie zurückkehrt. Diese Kultur kann nicht ohne Hierarchie sein, weil sie geistig von Anfang an darauf gründet. Die Antike gründet darauf, das jüdische und das christliche Denken. Wenn wir nicht eine Massengesellschaft schaffen wollen, in der niemand ein Gesicht hat, wenn wir uns nicht ganz von den Ursprüngen lösen wollen, dann sehe ich keine andere Möglichkeit der Rettung, als daß die Völker Europas in der Konfrontation mit ihren eigenen Zwängen erneut voneinander etwas lernen.

Ja.

Das aber ist eine Utopie.

Das ist allerdings eine Utopie. Und ich lebe jeden Tag in dieser versuchten Utopie. Ich lebe auf ganz charakteristische Art in dieser Utopie, denn was Halina und ich einander bieten können, ist ja nichts anderes, als was in Europa auseinandergerissen wurde. Das aber ist eine Schlacht, in der es mehr Niederlagen als Siege gibt. Was könnte sie mir anbieten? Vielleicht den milden Fundamentalismus des Herzens. Und ich ihr? Das sollte sie besser selbst herausfinden... Doch ich fürchte, wir werden genauso wenig wie die beiden Teile Europas voneinander lernen können. Wozu wir fähig sind, ist wahrscheinlich nur das Gefühl, daß uns tatsächlich irgend etwas fehlt, was wir von der anderen Person oder dem anderen Teil bekommen könnten. Aber es ist ein Gefühl wie ein Phantomschmerz, wir wissen dabei nicht mehr so genau, was uns fehlt und wonach wir uns sehnen. Das Verlorene läßt sich nicht mehr so genau identifizieren, doch man fühlt den Schmerz; man weiß, daß etwas, das man besessen hat, nicht mehr da ist – daß es uns fehlt.

Wenn du willst, kann ich es definieren. Freiheit, Gleichheit, Brüderlichkeit. Gleichheit läßt sich nicht mit sozialem Gleichgewicht gleichsetzen, und die fehlende Brüderlichkeit läßt sich durch nichts anderes ersetzen. In dem Augenblick, da das Experiment des Sozialismus scheitert, ist auch dieses Experiment, etwas nachzuholen oder zu ersetzen, zum Scheitern verurteilt. Besser gesagt, dieses Experiment des Nachholens oder Ersetzens hätte nur noch in einer so fürchterlichen Massengesellschaft eine Chance, daß sie grauenvoller wäre als die stalinistische oder hitlerische. Dieser Entwicklungstrend könnte wohl kaum eine andere Endstation haben, als daß die Strukturen und Systeme andere Strukturen und Systeme zeugen. Jetzt sind wir im Vorzimmer. Der kybernetische Mensch aber ist angesichts einer solchen Möglichkeit viel stärker ausgeliefert, obwohl ja auch gerade er seiner eigenen Natur feindlich gegenübersteht, fragt er sich doch noch immer nicht, warum habe ich diesen Weg und nicht einen anderen eingeschlagen? Aber mir scheint, du fragst dich fortwährend selbst, wer eigentlich dieser kybernetische Mensch ist.

Ein Homunculus, also ein Golem. Oder, wenn du so willst, ein Roboter, weil er ja, im Unterschied zu dem von Stalin erschaffenen neuen sozialistischen Menschen, tatsächlich arbeitet, und zwar freiwillig. Diese Arbeit aber scheint mir eher dazusein, um eine metaphysische Leere zu verdecken, als um materielle Bedürfnisse zu befriedigen. Arbeit ist nicht nur Beschäftigung, sie ist Biographie geworden. Dennoch wird die Arbeit an sich kaum in Frage gestellt; auch die Intellektuellen preisen sie als das Höchste aller Werte und Tugenden, wobei ich den Verdacht hege, daß sie keinen strengen Unterschied zwischen Arbeit und der *vita contemplativa* machen. Du sprachst von unseren «wahren Werten» – das Wort «wahr» würde ich zwar nie in diesem Zusammenhang verwenden, aber wenn wir von Werten sprechen, bitte schön, da hast du den Wert, nach dem sich im Westen alle anderen richten müssen: die Arbeit. Ich glaube, er hat schon alle anderen Wertvorstellungen in sich aufgesaugt; das heißt, daß die anderen entweder vergessen sind oder sich nur aus der Sicht der Arbeit betrachten lassen. Damit hat sich diese Wertvorstellung mit viel mehr beladen, als sie tragen kann, und sollte das so sein, dann ist diese westliche Gesellschaft sehr verwundbar, weil dann Arbeitslosigkeit nicht nur verlorene Beschäftigung bedeutet, sondern auch Verlust der Identität, Verlust deines Ichs. In meiner golemisierten, kybernetischen Gesellschaft ist es wohl auch so; Menschen werden zu Trinkern oder begehen Selbstmord, wenn sie arbeitslos werden, während du im Osten Identität aufbaust oder wenigstens verteidigst, indem du die Arbeit schwänzt; nur so kannst du hier dein Ich retten. Im Osten ist die Arbeit eine

Bedrohung, im Westen ein Fetisch, und ich habe viel Verständnis für beide Auffassungen. Ich verstehe den Ostmenschen, nicht nur weil Arbeit hier, im konkreten Sinne des Wortes, nichts bringt, sondern weil ich faul bin, gerne meinen Launen nachgebe und es sowieso jeder Arbeit vorziehe, Liebe zu machen oder zu schlafen. Aber ich glaube auch den Westmenschen zu verstehen. In dem, was du sagst, schwingt für meinen Geschmack ein bißchen zuviel von der Frage über den Sinn des Lebens mit; diese Frage ist mir nicht unwichtig, obwohl wahrscheinlich nicht so wichtig wie für dich, aber es ist keine Frage, die an die Gesellschaft zu richten ist. Die Organisation der Gesellschaft ist nicht da, um uns glücklich zu machen, um unserem Leben einen Sinn zu geben – sie ist ganz einfach da, um Totschlag zu verhindern, sie muß dasein, damit wir uns nicht gegenseitig umbringen. Die Erfahrungen unserer – ich sage bewußt: Zivilisation haben uns zur Arbeit geführt, Arbeit als Quelle der Prosperität, als Vernichtung der Zeit, ja, ich höre schon deinen Einspruch, eher Bestechung als Sinn, aber genau so ist es gut. Mehr verlange ich nicht. Mehr will ich nicht: «Glück» oder «Sinn» ist für mich etwas sehr Privates, etwas, was sich höchstens in deinem privaten Bereich verwirklichen läßt, und wenn in der Geschichte jemand versucht hat, das Private in Öffentliches zu verwandeln, dann hatten diese Leute stets Namen wie Savonarola, Stalin oder Pol Pot. Also bleibt uns nichts anderes übrig als diese Gesellschaft, die auf Funktion statt auf Ziel ausgerichtet ist. Ob das so möglich ist? Über längere Zeit vielleicht nicht. In dem alten Prager Mythos ist ja der Golem aus dem Nichts geschaffen, er kann sich an nichts erinnern, weil er ja keine Vorgeschichte hat, bei ihm ist Leben oder Biographie buchstäblich identisch mit Arbeit. Sein Schöpfer, Rabbi Löw, benützt ihn als Gehilfen. Der Golem muß schwere Arbeit verrichten. Stumm sitzt er herum und wartet auf neue Befehle, und ohne Erinnerungen und irgendeine andere Wertvorstellung als die, seiner Arbeit nachzugehen, kann er sich nicht wehren. Die Aufgaben können dann zu Manipulation, die Arbeit zu Sklaverei werden. Im ursprünglichen Mythos aber ist der Golem eine Schöpfung aus der Hand des Rabbi Löw, eines gottesfürchtigen und guten Mannes.

Ein gottesfürchtiger, doch auch ein gotteslästerlicher Mann, da er ja das Ebenbild von Gottes Schöpfung aus Schlamm und Lehm zusammenbastelt. Einen Menschen nach dem Bild des Menschen.

Und daraus entstehen dann Verwirrnisse, die alle im Mythos enthalten sind. Der Golem wird zum Amokläufer; er begehrt gegen Rabbi Löw auf, der einsieht, daß er die göttlichen Gesetze verletzt hat, der seine Hybris einsieht und den Golem wieder auseinandernimmt. Für mich ist dieser Golem vor allem die Verkörperung des neuen Menschen, von dem die Kommunisten träumten und den sie dann zu verwirklichen suchten; als ein Wesen, das nicht sprechen kann, keine Vergangenheit hat und eben dadurch zu einem Instrument in den Händen der Macht werden kann. Aber auch die westliche Gesellschaft arbeitet – zwar über andere Wege – an einem solchen Geschöpf. Allerdings ist dieser Golem nicht so leicht zu identifizieren wie der Golem des Sozialismus.

Die Geschichte identifiziert uns diese menschliche Kraft ziemlich eindeutig. Auch in der Bibel ist klar zu sehen und zu lesen, auf welche Art sie funktioniert. Die menschliche Kraft nährt sich von Gottesfurcht und Gotteslästerung. Ich fordere den gefürchteten Gott heraus, sobald ich jedoch Oberhand gewinne über meine Angst, werden auch die zerstörerischen Kräfte freigesetzt. Und wenn das schon in der Bibel nachzulesen ist und auch die Griechen schon ein Wort dafür hatten, eben Hybris, dann glaube ich nicht, daß diese wiederkehrende Warnung ein Werk des Zufalls ist. Wir machen die Geschichte, aber alles, was die Geschichte macht, ist eine Wiederholung dessen, was uns bereits früher widerfahren ist, was wir schon einmal getan haben, war wir vergessen und woran in symbolischer Form immer wieder von neuem erinnert werden muß.

Du sprichst vom Fluch, der über dem Menschen liegt. Auch ich denke es mir so. Er soll die gleichen Dinge wiederholen, soll aus seinen Erfahrungen sehr wenig lernen, die Erfahrungen seiner Vorfahren nicht verstehen, nicht gebrauchen können, obzwar alles in Form von Mythen, im übertragenen Sinn des Wortes, griffbereit sein soll. Und doch soll er es nicht auslegen können.

Jetzt, da wir davon sprechen, überlege ich, daß es vielleicht doch interessanter wäre, wenn wir uns nicht von Mythen ergreifen ließen, aber auch nicht von Utopien. Denn wenn es stimmt, was du gesagt hast, nämlich daß der Mensch nicht nur im Sozialismus zu einem willfährigen Instrument der Macht geworden ist, sondern auch in den westeuropäischen Gesellschaften die Möglichkeit besteht, daß er zu einem Homunculus und Roboter wird und die Kräfte der Zerstörung aus sich entläßt, dann wäre es vielleicht sinnvoll zu untersuchen, wie er in diesen Zustand geraten ist. Du hast den einen Aspekt dieser Frage bereits angeführt, und es ist mir wichtig, daß wir, denke ich über eine Wechselwirkung zwischen den beiden großen ideologischen Flickwerken nach, in Europa in Gegensätzen denken. Ohne Begriffsgegensätze vermögen wir nicht zu denken. Und gerade deshalb kann ich nicht annehmen, daß jene blutige Geschichte, die aus der europäischen Historie austritt und die wir das Experiment des Sozialismus oder des Kommunismus – ein gegen den Kapitalismus in Gang gesetztes Experiment – nennen können, nicht permanent gewordene, versteinerte, mit vernichtenden Folgen versehene Spuren in den mittlerweile sozialliberal gemäßigten westeuropäischen Gesellschaften hinterlassen hätte. Die Mäßigung selbst wäre so eine Spur, aber ich möchte jetzt lieber von Spuren sprechen, die auf den ersten Blick gar nicht recht sichtbar sind und die wir vielleicht gar nicht bemerken möchten, weil sie unbequem sind. Zum Beispiel würde ich behaupten, daß die westeuropäischen Gesellschaften in den letzten fünfzig Jahren eine totalitäre und byzantinische Denkweise integriert haben, die dem europäischen Denken eigentlich fremd sein müßte. Und das muß in dem Augenblick zu einem brennenden und mit verhängnisvollen Folgen beladenen Problem werden, wo das Experiment des Sozialismus, wenn wir das nötige Glück haben, hübsch zusammenbricht. Es zeugt von einer byzantinischen Denkweise und läßt sich auch geradewegs aufs frühchristliche, gnostische Denken zurückführen, wenn ich über Dinge urteile, die ich nicht nur nicht kenne, sondern auch gar nicht kennenlernen darf, da sie das Werk des Bösen sind und als solche einer von Gott gewollten Welt fremd. Nach meiner Erfahrung hat die westliche Intelligenz, ob sie nun politisch rechts oder links steht, seit Jahrzehnten vom Sozialismus als einer von ihr zurückgewiesenen und zurückzuweisenden Welt gesprochen, über die sie demgemäß eingestandener- oder uneingestandenermaßen keine Informationen zur Verfügung hatte.

Das heißt, über den real existierenden Sozialismus.

Ja, über den sogenannten real existierenden Sozialismus. Und daraus folgt dann eine höchst seltsame geistige Haltung. Eben weil wir in Gegensätzen denken und nicht anders denken können, konnten auch die aufgeklärtesten sozialliberalen Geister nicht nicht sagen, daß der real existierende Sozialismus schlecht sei, im gleichen Maß aber waren sie gezwungen, sich selbst mit dem Guten zu identifizieren. Die westeuropäischen Gesellschaften sind von den osteuropäischen in ihrer Existenz sanktioniert worden. Wenn du vom östlichen Menschen sprichst, dann kannst auch du diesen unangenehm trennenden, ja ausschließlichen Begriff nur verwenden, weil du weißt, daß auch diese Menschen deine Lebensumstände für gut halten und nicht die ihren. Aber sie können sie nur dadurch, nur in der Weise für gut halten, indem sie jene sehr wesentlichen inneren Widersprüche vergessen, die dieses Gute auch als etwas Schlechtes charakterisieren könnten. Was bedeutet, daß ich das byzantinische Denken ordentlich erlernt habe und mich auf die Annahme von etwas Gutem verlasse, das ausschließlich aus Gutem besteht, daß ich also vergessen habe, in welcher Weise ich eine Sache zu betrachten hätte. Und es ist eine wahrlich angenehme Rolle, sich im Licht des Guten und Vollkommenen zu sonnen. Zu glauben, was die anderen über mich sagen, es für schmeichelhaft zu halten, wenn andere von meinen Lebensbedingungen träumen, und etwas durchaus Relatives für den Gipfel des vollkommen Guten anzusehen. Zumindest nach meinen Erfahrungen haben es auch unter den hervorragendsten westeuropäischen Denkern nur die wenigsten vermeiden können, in diese Falle zu treten. Hans Jonas etwa oder Erwin Chargaff haben es vermieden. Doch wenn die anderen zum größten Teil in die Falle getreten sind, wenn sie dieser vernichtenden geistigen Bequemlichkeit nachgegeben haben, dann haben sie im großen und ganzen auch diese byzantinische Denkweise integriert, die sie formell natürlich auf das entschiedenste zurückweisen. Sie haben in ziemlich spektakulärem Maß vergessen, wie sie mit den inneren Problemen ihrer eigenen gesellschaftlichen Einrichtung umgehen müßten. Das aber ist eine gemeinsame geistige Niederlage. Und die Niederlage, die ich da sehe, wird offenbar an der Verdunklung der Zielvorstellung oder am Zerfall des Gleichgewichts jener drei eng miteinander verknüpften Begriffe der bürgerlichen Revolution. Auch eure hervorragendsten Denker, eure besten Politiker haben der Versuchung nachgegeben, oder sie waren eben dazu gezwungen, gut gleichzusetzen mit dem Bestehenden, denn schlecht ist nebenan, und so wurden die kleinen Anzeichen davon, daß dem ja gar nicht unbedingt so ist, weggewischt, vertuscht, oder es wurden Lösungen innerhalb jener kleiner Rahmen gesucht, in denen sie örtlich auftraten. Die größeren Zusammenhänge des menschlichen Geschicks habt auch ihr bis heute nicht in Betracht gezogen. Und wenn in mir Vorwürfe sind, und es sind Vorwürfe in mir, dann ist dies der schwerwiegendste. Wenn ich mich mit dem Bestehenden identifiziere, dann habe ich etwas sehr Wesentliches von den Grundprinzipien der europäischen Denkweise aufgegeben. Dann wird meinem Denken die Fähigkeit fehlen, Distanz herzustellen, was kurzfristig angenehm ist, doch unter dem Gesichtspunkt der größeren Zusammenhänge des menschlichen Geschicks zum Fehlen eines Zukunftsbildes führt. Eben die Fähigkeit, Distanz herzustellen, ist in dieser ideologischen Schlacht verlorengegangen – was du unserem Denken anlastest. Du weißt zweifelsohne, was du heute machen und wie du es machen mußt, und deshalb möchte auch ich alles das machen, was du machst, und so, wie du es tust; das ist mein Zukunftsbild geworden. Aber weißt du auch, was aus alldem folgt? Kannst du auch morgen das machen, was und wie du es heute gemacht hast? Davon machst auch du dir keine Vorstellung.

Natürlich nicht.

Was soll ich dann mit einer solchen Zukunft anfangen? Ich habe den Ball zurückgespielt. Was meinst du dazu?

Mich bringt das auf die Frage, was für Erlebnisse du eigentlich in Westberlin hattest? Es war im Grunde genommen dein erster längerer Aufenthalt in Westeuropa, bei dem du mehr oder weniger die Bedingungen erfahren konntest, unter denen man im Westen lebt.

Willst du meine Frage nicht beantworten?

Ich empfinde die Frage als zu anämisch, und deshalb weiche ich jetzt aus, um vielleicht später darauf zurückzukommen. Hattest du das Gefühl, du lebtest unter den gleichen Bedingungen wie die Menschen dort? Oder fühltest du dich als Gast und wolltest dich auch so fühlen?

Als ich dieses Jahr nach acht Jahren zum erstenmal wieder nach Westberlin ging...

Was heißt, wieder ging?

Was heißt, was heißt? Es heißt, daß ich dieses Jahr nach so vielen Jahren wieder in Berlin war. Im Westteil der Stadt.

Dann habe ich dich mißverstanden. Ich dachte, nachdem du zum erstenmal in Berlin gewesen bist.

Da war ich nur im Ostteil.

Du sprichst jetzt also nur von diesem kurzen Besuch. Aber der andere, ist der schon so viele Jahre her?

Ja, einundachtzig, und jetzt schreiben wir neunundachtzig.
Wie schnell die Zeit vergeht, mein Gott.
Und nun, als ich nach so langer Zeit wieder dort war, mußte ich feststellen, daß ich noch nie in Westberlin gewesen war, obwohl ich mehr als ein ganzes Jahr dort verbracht hatte. Es ist ein sehr merkwürdiges Gefühl, eine Stadt zu sehen, die ich schon von früher kenne. Diese Merkwürdigkeit aber kommt daher, daß ich zwar ein Jahr lang dort lebte, aber an einem Roman arbeitete, und das bestimmte mein Weltbild. So als hätte ich wegen meines Romans nicht genau genug sehen können, wo ich überhaupt war. Obwohl sich mein Roman gerade damit befaßte, wo ich war. Allein schon, daß gewisse Kapitel des Romans im Ostteil der Stadt spielten und ich mich in anderen Kapiteln mit der Geschichte dieser Stadt um die Jahrhundertwende beschäftigte. Als ich meinen Roman plante, kannte ich den Westteil der Stadt noch nicht, denn ich durfte aus dem Osten nicht hinübergehen. Das gehört zum Spezifikum der Sache. Ich hatte ein Thema gewählt, das mit dem Problem dieser zerrissenen Welten in enger und intimer Verbindung stand, und während ich daran arbeitete, kam ich an den Ort, der ebenfalls zu meinem Thema gehörte. Und deshalb beobachtete ich diese ganze westliche Szene aus einem ziemlich speziellen Blickwinkel, eigentlich sah ich mir an, was ich für meine Arbeit brauchen konnte und was nicht. Auf diese Weise aber habe ich die Stadt nicht gesehen. Weil mich einerseits der westliche Teil nicht interessierte, da ich mich ja in den Kapiteln des Romans mit dem Ostteil zu beschäftigen hatte, andererseits mußte ich wegen der Jahrhundertwende-Kapitel die Stadt als Ganzes sehen, die weder im Westen noch im Osten als Ganzes auffindbar war. Das half mir dann auch, den Westteil der Stadt nicht als die eine Hälfte einer nur mehr in der Vorstellung existierenden Stadt zu sehen, sondern als eingegrenzte und in die Falle gegangene Hälfte der ganzen westlichen Welt. Dieses Eingegrenztsein, diese Fallensituation empfindet man vom Osten aus nicht so stark.

Also von Ostberlin aus.

Weder von dort noch von weiter weg oder von irgendwoher. Denn interessant am Ganzen war, daß ich darin mein eigenes Eingegrenztsein erkannte, jene geistige Falle, aus der ich selbst nicht würde herausklettern können. Wenn man zu Hause ist, spürt man das nicht, konnte es auch in den Jahren, als es sehr schwierig war, irgendwohin zu verreisen, nicht spüren. Und konnte es auch in Ostberlin nicht spüren, denn dort sah man ja höchstens eine Mauer, doch mit der Mauer war nicht man selbst, sondern waren die anderen abgegrenzt. Im Westen jedoch bestieg ich so ein Aussichtsplateau, etwa in der Bernauer Straße, und als ich über die Mauer blickte, stand dort im Wachturm ein Soldat mit einer Maschinenpistole. Das ist wirklich so geschehen, wir starrten uns lange Minuten an. Ich wußte, daß er mich, wenn ich von dort nach hier fliehen würde, ohne zu überlegen abknallen würde, und konnte ihn doch nicht als meinen Feind ansehen, denn ich mußte ja auch wissen, daß er keinen glühenderen Wunsch hatte, als endlich auch einmal hierher zu kommen. Eigentlich hätte ich mich schämen müssen, eines solchen Privilegs zuteil geworden und dorthin gekommen zu sein. Ich war im Käfig, er in Freiheit, doch war es gerade umgekehrt, denn er war im Käfig und ich in Freiheit. Und auch diese Verkehrung war nichts als der Schein der Dinge. Denn dieses eingegrenzte Leben war, mit sehr feinen Fäden zwar, aber dennoch in die als feindlich erachtete andere Welt eingewoben. Von dort kam die Elektrizität, und dorthin wurde das Abwasser geleitet. Diese wirtschaftlichen und politischen Fäden liefen zwischen den beiden Welten schön dicht hin und her. Für mich war es, als lebte ich nicht in einer wirklichen Welt, sondern nur im Schein der Wirklichkeit, richtiger im Symbol eines solchen Scheins. Was bedeutete, daß es auf der Welt einen Ort gab, der die Unfähigkeit meines oder unseres Lebens symbolisiert. Das war gleichzeitig erhebend und niederschmetternd. Der Schein des einen lebt vom Schein des anderen, und es war erhebend, das zu sehen. Und es war niederschmetternd zu sehen, wie wir auf den Ruinen unserer eigenen Welt vegetieren, auf einem Trümmerhaufen; oder daß wir gleichsam auf einen Scheiterhaufen geworfen sind und alles verbrennen wird. Gemessen an dieser nackten Tatsache sind all die kosmetischen Operationen, die man im Westteil der Stadt durchgeführt hat, eben, um die nackten Tatsachen dieses Weltenbrandes vergessen zu machen, eher lächerlich. Dann ist mir der Ostteil der Stadt noch lieber, wo besser zu sehen ist, daß daraus nie im Leben eine Stadt wird. An diesem Ort ist etwas geschehen, das man weder vergessen noch verschmieren kann. Von dort aus gesehen wirkte sogar Paris wie eine alte Frau, die sich, was soll's, noch einmal, das dritte Mal, die Runzeln liften läßt. Wenn es jedoch einen Ort gibt, von dem aus das so offenbar wird, dann ist es mit dieser Kultur vielleicht doch zu Ende. Sie hat ausgefurzt. Aber ich komme auf die Frage zurück. In der zweiten Woche, oder vielleicht schon in der ersten, hatte ich das Gefühl, als wären meine Schritte ausgetauscht worden. Ich ging durch die Fontanestraße und hatte das Gefühl, ich ginge nicht mit den gleichen Schritten wie früher. Ich ginge nicht so wie zu Hause. Meine Schritte hatten sich verändert. Es brauchte etwa zwei Monate, bis ich mich daran gewöhnt hatte, daß ich mich im wahren Sinn des Wortes besser fühlte.

Aber wie gingst du? Wie waren deine Schritte? Kräftiger, zielgerichteter?

Kräftiger, ruhiger, aber das Ziel, das ich hätte erreichen wollen, war hier überhaupt nicht mehr so wichtig.

Na, siehst du.

Oder es war zu Hause wichtiger. Ich wußte, daß ich es erreichen würde, ich wußte, daß mir nichts zustoßen konnte oder daß nichts Außergewöhnliches geschehen konnte, vor dem ich mich ängstigen, vor dem ich mich beklemmt fühlen oder in acht nehmen mußte, obwohl ich massenhaft Ängste und Beklemmungen hatte. Und nach zwei Monaten hatte das denn auch seine Wirkung, denn ich arbeitete zwar nicht leichter, konnte mich aber besser in die Schwierigkeiten meiner Arbeit vertiefen, und so fühlte ich mich dann ganz zu Hause. Ich hatte keine materiellen Sorgen. Ich brauchte im Lebensmittelgeschäft nicht darüber nachzudenken, was es gerade zu kaufen gab und was nicht. Es war angenehm. Natürlich fühlte ich immer wieder von neuem, daß ich weder meine psychischen Gegebenheiten noch mein Lebenserbe ändern kann, all das, was im Antlitz eines Menschen tiefe Spuren hinterläßt. Daß ich dieses Erbe höchstens besser von meinen eigenen psychischen Gegebenheiten trennen konnte; besser als zu Hause, besser als vorher. Szenen, die zeigten, woher ich komme, wo ich bin und wo zwischen beidem die Grenze gezogen ist. Eine komische und eine tragische Szene kann ich ja mal erzählen. Eine davon habe ich schon niedergeschrieben. Vielleicht ist es übertrieben, sie tragisch zu nennen, sie hat nichts Tragisches, nur ich faßte es so auf. In der Gegend, wo ich wohnte, war so eine kleine, bunkerartige Villa, das Konsulat irgendeiner seltsamen, vielleicht gar nicht existierenden kleinen Republik, und das wurde Tag und Nacht bewacht. Auf der anderen Straßenseite, hinter einer hohen Hecke, stand fortwährend ein Polizeiwachtposten, und manchmal saß neben ihm, an der Leine gehalten, ein Riesenvieh von Schäferhund. Ich wagte, ohne dabei zu wissen, was ich tat, welchen Ängsten oder Innerviertheiten ich nachgab, nie, auf der Seite des Konsulats zu gehen, sondern ging vorsichtshalber stets auf die andere Straßenseite hinüber und lieber an der Hecke vorbei, wo der Polizist stand, manchmal mit Hund. Es mochte der unbewußte Gedanke sein, daß es dem Wachtposten sicher auffallen müßte, wenn ich dauernd am Konsulat vorüberginge, und er würde nach einiger Zeit zu der Annahme gelagen, ich hegte dem Konsulat gegenüber irgendeine feindliche Absicht. Sich nicht verdächtig machen. Deshalb ging ich immer auf der anderen Seite. Ich wollte auf paranoide Art eine Gefahr umgehen, und so beschwor ich eine andere herauf. Denn eines Abends, als ich nach Hause ging, es war eher schon Nacht, die Straßen waren völlig leer, passierte an der Stelle, wo der Wachtposten mit seinem Hund hinter der Hecke zu stehen pflegte, unerwartet etwas, das mich so unvorbereitet traf und dennoch so sehr meine vorangegangenen Ängste bestätigte, daß ich gar nicht begriff, was hier vor sich ging. Ich ging nachdenklich dahin, in mich versunken, etwas geschah, doch ich verstand nicht, was. Ich spürte nur, daß ein Hund mir die Nase abbeißen wollte. Daß sich meine Nase bereits in der grausigen Schnauze des Hundes befand. Während sich der dunkle, riesige Körper auf mich warf, strömte über mein ganzes Gesicht das Hecheln des Tieres. Mein Körper zuckte vor Entsetzen zusammen, und doch war es kein echtes Entsetzen. Zum Entsetzen braucht es Zeit, hier aber blieb meinem Körper höchstens Zeit genug, noch einmal zusammenzuzucken, bevor die ein Röcheln ausstoßenden Kiefer des Tieres mein Gesicht zerbeißen würden.

Dein östliches Gesicht.

Mein ausgesprochen östliches Gesicht. Doch er zerbiß es trotzdem nicht, denn bevor sich die Kiefer schließen konnten, durchlief wohl auch den Körper des Polizisten ein solches letztes und instinktives Zucken, irgendein instinktives Anspannen der Kräfte, mit dem er den Kopf des Hundes gerade so weit zurückriß, daß er mir die Nase nicht abbeißen konnte. Die Kiefer schlugen leer vor meinem Gesicht zusammen. Der Hund gab noch nicht auf, doch in dem Augenblick begann der Polizist, ihn mit aller Kraft zu schlagen, mit einem Stock vielleicht, ich weiß nicht womit, aber es dröhnte und knallte. Und so, wie ich mich erinnern kann, denn ich stand dort so baff, als sähe ich einen Film oder wäre in den immer wiederkehrenden Alptraum eines wildfremden Menschen hineingeraten, aber es schien, als gäbe er seinem Hund auch noch ein paar saftige Tritte. Ich sah einen Menschen auf einer nächtlichen Straße, ich sah eine Hecke und dahinter einen aufgebrachten Polizisten, wie er seinen rasenden, zähnefletschenden Hund zurückreißt, tritt, schlägt, beruhigt. Es gelang ihm, den Hund am Halsband zu fassen, und davon kam das Tier zur Einsicht, es hechelte, sein Maul schäumte. Der Polizist hielt es krampfhaft zurück, drückte es hinunter und entschuldigte sich stotternd. Und darauf fand ich zur Antwort, es sei doch nichts geschehen. Und dieser Satz... nein, diesen Satz konnte er überhaupt nicht verstehen. Dieser Satz erschreckte ihn dann wirklich, irgendein zurückweichendes Entsetzen trat in seine Augen, und er sagte so etwas wie: Er habe die Verantwortung, er habe wahrscheinlich nicht genug aufgepaßt und zweifellos die Herrschaft über den Hund verloren. Mich dagegen bewog dieser angsterfüllte, aufgeregte Blick und dieser völlig korrekt formulierte Satz, abzuwinken, zu sagen, es mache nichts, und den verdutzten Polizisten stehenzulassen, der ja schließlich die Situation ordnungsgemäß mit mir besprechen wollte. Ich weiß nicht, ob das verständlich ist. In dieser Situation im Hirn des einen Menschen der liberale Rechtsstaat, die mit seinem Tun und Lassen einhergehende Verantwortung, im Hirn und in den Nerven des anderen Menschen jedoch ein ihn selbst betreffender grundlegender Verdacht, ein sein eigenes Dasein betreffendes Mißtrauen. Und dieser Verdacht und dieses Mißtrauen sind nicht einmal unbegründet, muß er doch in jedem Augenblick seines Lebens darauf vorbereitet sein, den ihm feindlich gegenüberstehenden Kräften einerseits schlau auszuweichen, sie andererseits noch schlauer auszuspielen. So wird er dann zu einem potentiellen Verbrecher. Oder mindestens unterscheidet sein Bewußtsein sich nicht mehr viel vom aufmerksamen Bewußtsein eines Verbrechers. Und er ist auch wirklich noch keinem Polizisten begegnet, der in einer solchen Situation ihrer beider Rechtslage gleichzeitig in Betracht zieht. Deshalb mußte ich später darüber nachdenken, warum ich auf dieser Seite der Straße ging. Und warum ich instinktiv immer auf diese Straßenseite hinüberging. Obwohl ich vor solchen gräßlichen Schäferhunden seit meiner Kindheit schreckliche Angst hatte. Diese Angst hat meine ganze Kindheit vergiftet, denn ich mußte täglich zweimal am Zaun jenes abgeschlossenen Grundstücks vorbei, wo Mátyás Rákosi wohnte, und täglich zweimal bemühte ich mich, dort so vorbeizugehen, daß ich in den Augen dieser fürchterlichen Viecher nicht verdächtig war.

Es ist durchaus verständlich, warum du gerade dort vorbeigingst.

Verständlich, aber demütigend. Deshalb habe ich die Angelegenheit tragisch genannt. Denn ich fühlte mich ja wohl hier, und doch schleppte ich meine sämtlichen Innerviertheiten mit mir. Doch all das schleppt man so mit sich, daß man gar nicht weiß, was man schleppt. Und dann treten in unerwarteten Situationen Dinge zutage, die nicht anders denn als Niederlagen zu erleben sind. In diesen Augenblicken wird ersichtlich, daß die Innerviertheiten vielleicht mächtiger sind als die Persönlichkeit. Denn das bin ja nicht ich, der von etwas sagt, es sei nichts. Und wenn jemand von Verantwortung spricht, warum muß ich dann abwinken?

Der Reflex macht, daß du so wirst.

Ja. Die zweite Geschichte dagegen ist eher komisch. Aber ich werde furchtbar traurig, wenn ich nur daran denke. Auch das geschah in der Nacht. Ich fuhr mit dem Bus nach Hause, in so einem zweistöckigen Bus. Es war ein Nachtbus, völlig leer. Ich saß oben, allein deswegen, weil ich furchtbar schlecht gelaunt war und dort oben immer weniger Leute sind, also setzte ich mich dahin, um allein zu sein. Ich war in einem sehr schlechten psychischen Zustand. In einem untröstlichen Zustand. In einer tiefen Depression und sehr verzweifelt. Niemand konnte mich sehen, ich brauchte keine disziplinierte Miene aufzusetzen, konnte mich meinem Elend überlassen. Und da erschien auf der Treppe, die zum oberen Stockwerk des Busses führt, ein junger Mann. Zuerst musterte er mich genau, lächelte mir freundlich zu, dann kam er herbei, setzte sich auf den Sitz vor mir, aber verkehrt herum, so daß unsere Gesichter einander zugewandt waren. Er legte den Arm auf die Sitzlehne und fragte mich sehr hübsch lächelnd, was mir zugestoßen sei. Er duzte mich. Was ist dir zugestoßen? All das voll Teilnahme, voll menschlicher Wärme, so daß es auch für mich nichts anderes als natürlich sein konnte. Und trotzdem antwortete ich sehr grob: Nichts. Man wartet stets auf eine solche aufmerksame Frage voll Teilnahme und menschlicher Wärme, auf eine Frage, die man beantworten könnte. Und dann muß ich diese Frage dennoch grob zurückweisen. Doch als hätte er meine Zurückweisung nicht einmal gehört, sagte der junge Mann, er sehe ja, daß ich nicht einfach schlecht gelaunt sei, sondern daß mir etwas zugestoßen sei, und gerade deshalb frage er, was es denn sei. Vielleicht war er auch nicht ganz...

War es ein junger Mann?

Ja, ein junger Mann. Vielleicht war er auch nicht ganz nüchtern, aber betrunken war er auch nicht. Sagen wir, ein bißchen beschwipst. Darauf sagte ich wieder: Nichts. Es war, als hätte ich geantwortet, verdrück dich, geh zum Teufel. Da stand er auf, machte eine Bewegung, die ausdrückte, daß ich ein rettungslos Verlorener, ein hoffnungsloser Fall sei, und damit ließ er mich sitzen. Er überlegte offenkundig sogar, ob er überhaupt hier oben bleiben solle, beschloß dann anscheinend, daß er mit so einer hoffnungslosen Gestalt wie mir nicht im gleichen Raum verweilen könne, und ging hübsch die Treppe hinunter. Auch die Zurückweisung hat bestimmt ein anderes Wort als dieses grobe «Nichts.» Und wenn es das gibt, warum hatte dann in mir dennoch diese rohe Grobheit das erste Wort? In einem so schlechten Zustand konnte ich dann doch nicht sein, darauf konnte ich mich nicht hinausreden. Auf eine normale menschliche Geste, auf eine schöne und wünschenswerte menschliche Regung hatte ich aus irgendeinem Grund doch keine entsprechende Antwort. Etwas fehlt. Und wenn das so ist, und so ist es, dann ist das etwas sehr Trauriges.

Ist das eine spezifisch Berliner Szene, oder hätte sie sich auch in Budapest abspielen können?

Es ist eine Berliner Szene.

Warum nicht eine Budapester Szene?

Weil das Ganze damit steht und fällt...

...daß es in Budapest keine zweistöckigen Busse gibt.

In der Tat nicht, doch glaube ich, daß es sich auch in Hamburg oder München nicht so hätte abspielen können. Ich weiß nicht, warum. Berlin ist eine Großstadt, einst eine der größten Metropolen der Welt. Oder eher eine Metropole, die ihre eigene Vernichtung so überlebt hat, daß nichts von ihr übriggeblieben ist. Schutt, Asche, einige verkohlte Bruchstücke. Jene, die nicht umgekommen sind, wissen bestimmt viel über das menschliche Ausgeliefertsein und auch darüber, wie sehr die Menschen in einer Katastrophe aufeinander angewiesen sind. Man könnte nicht sagen, daß das Solidarität wäre, denn Solidarität muß ja ein positives Gefühl sein. Vielleicht hat sich die leichtfertige Gleichgültigkeit der Großstadtmenschen in ein Interesse füreinander verwandelt, das mit der Verachtung und dem Haß der Welt rechnen muß. Ich weiß nicht, was das ist, aber in Berlin sprechen die Leute ohne weiteres miteinander. Sie sprechen auf der Straße, im Bus, im Kino, wo immer. Auch mit einem Taxichauffeur sprichst du in Berlin anders als in Wien oder was weiß ich wo. Doch diese Leichtigkeit des Kontaktherstellens bedeutet nicht unbedingt, daß sie freundlich wären zueinander. Sie sind nicht so wie etwa die Römer, denn dieser Nähe fehlt jede Fröhlichkeit, sie sind manchmal direkt roh oder auch grob. Ich machte auf der Straße ziemlich viele Bekanntschaften, solche Art Bekanntschaften, die nichts bedeuten. Jemand sagt etwas, und ich antworte ihm etwas. Was nicht bedeutet, daß ich von dem anderen etwas will. Wenn man mich in Budapest anspricht, dann muß ich wissen, man will etwas von mir, es steckt Absicht dahinter, und ich muß auf der Hut sein, weil die Absicht eher böse ist oder wenigstens sehr egoistisch. Wenn man mich anspricht, dann frage ich mich sofort, was man denn schon wieder von mir will. In Budapest bin ich im Zustand der Verteidigung. Es geschieht oft, daß man mir in die Visage schreit, weil jemandem gerade meine Visage nicht paßt. Oder daß man sich mir geradezu in der Absicht nähert, mich zu verprügeln. Einmal erhielt ich eine ziemlich kräftige Ohrfeige, keine Ahnung warum. Und so konnte es nicht anders sein, als daß ich mein Mißtrauen auch nach Berlin mitbrachte. Wenn man so will, kann ich auch sagen: das Mißtrauen des östlichen Menschen. In Warschau, Prag oder Belgrad ist derartiges vielleicht anders spürbar, vielleicht weniger, aber in Rumänien zum Beispiel kannst du es auf seiner tiefstmöglichen Ebene spüren. In Siebenbürgen sind wir beide zusammen in den Genuß seines Segens gekommen. Ich spreche von dem, was ich mit mir genommen hatte. Ich spreche davon, daß für mich dieses alltägliche Vertrauen völlig neu war, unbekannt, ich genoß es und paßte mich ihm an der Oberfläche meines Verhaltens an, und mit der Zeit fand ich es völlig natürlich, mit Fremden zu plaudern. Ich merkte nicht einmal, wer angefangen hatte. In kritischen Situationen kehrte ich dennoch zur stärker verwurzelten Gewöhnung zurück, zu jenem Mißtrauen, das man demnach bis zum letzten Atemzug in sich bewahrt.

So wie du in diesen zwei Episoden den östlichen Menschen darstellst, ist das ein sehr trauriges Bild vom Osten. Gleichzeitig ist es ein schönes Bild vom Westen. In beiden Situationen haben diese westlichen Menschen etwas sehr Schönes.

Nein. Der junge Mann im Bus hatte das, der Polizist aber nicht in gleicher Weise. Unter einem geschichtlichen Blickwinkel gesehen, war sein Verhalten nicht weniger kompliziert als das meine. So wie er im ersten Augenblick um Entschuldigung bat, war er ehrlich und menschlich, denn das blieb unabhängig von den möglichen rechtlichen Folgen. Er war einfach froh, daß der Hund mir die Nase doch nicht abgebissen hatte. Doch schon im nächsten Augenblick sah ich seinen Augen an, welche Sorge ihm der Zwang des Gesetzes bereitete.

Glaubst du?

Von da an stand er einem Menschen gegenüber, der irgendwelche Rechte geltend machen konnte. Für mich aber war am interessantesten, daß er im dritten Augenblick mit seinem Blick zum Wilhelminismus zurückkehrte, sich in einen Untergebenen zurückverwandelte. Er zitterte. Ohne Übergang, auf einmal. Er war wohl von ähnlichen Ängsten erfüllt wie ich, als ich nicht auf der anderen Straßenseite vor dem Konsulat vorbeizugehen wagte. Verstehst du das nicht?

Ich stelle mir die Szene so vor: Es ist Nacht, der Polizist steht da mit dem dressierten Hund. Der Hund ist darauf trainiert, auf Befehl Eindringlinge anzugreifen. Der Polizist döst wohl oder ist mit seinen Gedanken anderswo, bemerkt dein Näherkommen nicht, du überraschst ihn. Der Hund nützt das momentane Fehlen von Kontrolle aus und stürzt sich, seinen Instinkten gehorchend, auf dich, was den Polizisten aufschrecken läßt. Doch er kann die Situation sehr schnell und genau einschätzen. Du willst nirgends eindringen. Du bist kein Provokateur und kein Ganove. Er ist der Schuldige, er ist verantwortlich. Und warum zitterte er? Na ja, er zitterte über deine Nase, und zwar nicht, weil er sie, wäre sie tatsächlich abgebissen worden, hätte ersetzen müssen, obwohl er wie jeder Mensch weiß, daß eine abgebissene Nase sich kaum ersetzen ließe. Deine Nase war aber immer noch da, mitten im Gesicht. In dem Augenblick, als ihm das klar wurde, fing er an zu zittern; aus Erleichterung. Ich weiß gar nicht, wie lange dauerte das Ganze?

Es waren Augenblicke.

Siehst du, Augenblicke. Das Zittern aber hat mit Untergebenentum nichts zu tun. Er zitterte nicht vor deiner Autorität, sondern weil er tatsächlich etwas getan hatte, wofür es keine Entschuldigung gibt. Denn es wies ja kein Zeichen darauf hin, er konnte keinen Grund haben anzunehmen, daß du kein normaler Bürger warst. Doch dein Verhalten machte ihn darin unsicher. Hätte die Szene etwas länger gedauert, dann hätte er dich auch verhaften können.

Nein, nein. So wäre das übertrieben.

Ich übertreibe, ja.

Wenn der Hund auf Drogen oder Bomben abgerichtet gewesen wäre und ich Marihuana oder eine Bombe bei mir gehabt hätte. Aber ich hatte nichts bei mir, ich ging auf der Straße.

Nur, daß dein Verhalten, auch von mir aus gesehen, nicht weniger seltsam ist.

Ja. Ebendeswegen habe ich es erzählt. Damit du seine Seltsamkeit siehst oder spürst.

Gut, ich glaube aber, aus meinen östlichen Erfahrungen dein Verhalten zu verstehen. Aber versteh doch, daß dein Verhalten für einen Westmenschen oder Westpolizisten vielleicht nicht nachvollziehbar ist. Gerade so, wie auch du das Verhalten des Polizisten falsch gedeutet hast.

Ich glaube nicht, daß ich es falsch deute. Ich habe mich ziemlich viel mit der deutschen Geschichte befaßt. Und wenn ich deine Erklärung höre, dann muß ich vermuten, daß du eher mit dem Kopf eines Skandinaviers beziehungsweise eines Schweden über diese Sache nachdenkst. Bei den Deutschen ist der subalterne Geist bis heute recht oft und recht unmittelbar zu spüren. Im Osten ist er gewissermaßen selbstverständlich. Wenn du recht haben willst, mußt du nur deine Stimme erheben. Es ist wahr, im Westen ist die Oberfläche aus pluralistischem Denken einigermaßen dicker geworden und verdeckt die funktionierende Hierarchie besser. Und wenn es darum geht, Hierarchien aufzuspüren, kannst du mir glauben, daß mein Gespür ziemlich genau funktioniert. Ich spürte das Funktionieren dieses tiefverwurzelten Hierarchiebewußtseins, als der Polizist zum zweitenmal zu Entschuldigungen Zuflucht nahm, aber auch darauf habe ich keine entsprechende Reaktion von mir gegeben. Und ich bin ziemlich sicher, daß auch du ihn in dieser Situation nicht angebrüllt hättest. Ein deutscher Durchschnittsbürger hingegen...

Vielleicht hätte ich aus Schreck gebrüllt.

Eben das demokratische Selbstbewußtsein würde es dir nicht erlauben, mit einem Polizisten rumzubrüllen. Allein schon deswegen nicht, weil du im Recht bist. Doch ein deutscher Durchschnittsbürger hätte bestimmt gebrüllt, weil auch er seine eigene deutsche Hysterie hat. Während ein gut durchgebildeter deutscher Intellektueller, der diese Hysterie kennt und verachtet, vielleicht doch nicht brüllt. Nur hätte er ein entsprechendes Wort, eine entsprechende Antwort gefunden, die ich eben nicht fand. Und daher kam wohl der Argwohn und der Schreck des Polizisten. Als sei er einer nicht begreiflichen Macht begegnet.

Sein Zittern und sein Schreck waren in meinen Augen so irreal, wie es meine Antwort in seinen Ohren war.

Aber weswegen sollte er sich in dieser Situation untergeben vorkommen?

Deswegen, weil er meine Antwort nicht verstehen konnte und ihm nichts anders übrigblieb, als angesichts von etwas Nichtbegreiflichem erneut etwas Offenkundiges zu betonen. Er mußte noch ein zweites Mal, noch präziser, vorbringen, daß ich rechtliche Schritte unternehmen könnte und daß er sich seiner Verantwortung bewußt sei.

Aber was hat das mit Untertanengeist zu tun?

Dem Sinn nach nichts. Aber die Wiederholung hat doch etwas damit zu tun. Daß er dreimal das gleiche tun muß und auch damit keinen Erfolg hat. Zuerst bat er mich nur um Entschuldigung. Das zweite Mal erwähnte er auch, daß er sich seiner Verantwortung bewußt sei. Das dritte Mal war er sogar gezwungen, etwas ganz Offenkundiges zu betonen, nämlich seine rechtliche Verantwortlichkeit, mir also zu versichern, daß er die Bitte um Entschuldigung nicht als leere Formalität verstehe. Doch sogar darauf erhielt er nichts anderes als eine irreale Antwort. Und davon erschrak er dann wirklich. Denn für mich bedeutet rechtliche Verantwortlichkeit nichts. Ich muß im Gegensatz zu den Gesetzen leben.

Gut, das verstehe ich. Und doch glaube ich...

Das war das Wesentliche des Konflikts.

Ich verstehe, ich verstehe, und doch glaube ich, daß du es nicht mit dem passenden Wort versiehst. Das hat wirklich nichts mit Untertanengeist zu tun und eigentlich auch nicht viel mit der deutschen Geschichte; wenn schon, dann ist es eher ein Beispiel dafür, daß die Deutschen den Wilhelminismus hinter sich gelassen haben. Also, ich betone es noch einmal: Es ist ausgesprochen erfreulich, daß der Polizist in seiner Uniform, mit seinem Hund, mitten in der Nacht allein auf dieser Straße, mit seiner ganzen Macht ausgestattet, sich dennoch korrekt benimmt, weil er sich als Teil eines Rechtssystems versteht, das eben zur Aufhebung der subalternen Betrachtungsweise erfunden ist.

Im Prinzip könntest du recht haben, doch kann meine Erinnerung deine Behauptung in diesem Fall trotzdem nicht bestätigen. Wenn ich mich an seine Gesten erinnere, wenn ich mich an seinen Gesichtsausdruck erinnere, dann sehe ich subalterne Angst und Schrecken, wie sie auch in diesem glücklicheren Teil Europas wohl sehr tief in den Menschen stecken. Das Rechtsbewußtsein ist zweifellos dazu bestimmt, sie aufzulösen. Doch diesem Gesicht sah ich an, auf welche Art sie hervorgerufen werden. Und so kann ich deine Interpretation auch nicht anders auffassen denn als Vertrauen in das Rechtssystem. Das ist deine Hoffnung, das ist dein Glaube.

Nein. Ich glaube wirklich, daß du dich da ein bißchen zu weit vorwagst. Wenn in ihm dieses alte Muster immer noch vorhanden gewesen wäre, dann hätte er dir überhaupt nicht erlaubt weiterzugehen, sondern er hält dich an, will deine Papiere sehen und fragt, was du hier eigentlich zu suchen hast. Ein Untertan, ja: aber einer, der immerhin in Uniform einem auf dem Boden liegenden Fremden gegenübersteht.

Nein. Diese Möglichkeit muß ich verwerfen. Er konnte sehen und hören, daß ich Ausländer bin. Natürlich kann auch ein Ausländer ein Terrorist sein. Aber er hat mich doch angesehen, und das mußte etwas bedeuten, also konnte er nicht so weit gehen. Ich spreche nur von seinem Blick.

In Ordnung. Doch der Kern der Geschichte...

Ist im Grunde genommen sehr traurig, wenn du das sagen willst. Darin hast du recht.

Dein Verhalten ist das Traurige daran. Sein Verhalten ist eher schön: Es lobt die Ordnung einer Gesellschaft, in der grundlegende Rechte respektiert werden. Wir sollten aber vielleicht vermeiden, die Mängel der zwei Gesellschaftssysteme gewissermaßen schön aufzuzählen und sie dann nebeneinander zu stellen. Deshalb möchte ich hier deine sogenannte wahre Hierarchie vertreten. Denn mir scheint, daß du vorhin mit deiner abstrakten Einführung, auf die ich nicht unmittelbar reagiert habe, selbst ein wenig die westliche Sichtweise übernommen hast – in allem, was du sagtest, ist der Atem der Relativierung zu spüren. Wenn es also hier so ist, dann ist es dort nicht besser, und auch jenes wäre nicht so rosig und das andere auch nicht, und so weiter und so fort. Gut, mit der Spaltung dieser Zivilisation, mit der Zweiteilung Europas ist auf beiden Seiten sehr vieles verlorengegangen. Aber wo haben wir mehr und wo weniger verloren? Gibt es da nicht Rangunterschiede?

Muß ich das so deuten, daß das eine niederen, das andere aber höheren Ranges sein soll?

Ich weiß, das klingt schrecklich, aber dann laß es mich anders formulieren: Wo sind unsere Chancen besser, Verlorengegangenes wiederzugewinnen? Jene bürgerliche Gesellschaft zu verwirklichen oder uns überhaupt dem anzunähern, was du zu Beginn unseres Gesprächs als das Anliegen der Französischen Revolution bezeichnet hast? Wo sind die Voraussetzungen am wenigsten beschädigt worden? In diesem Fall können wir ja von einer dritten, inexistenten Position nicht ausgehen, sondern nur mit den Gegebenheiten rechnen, wie sie tatsächlich vorhanden sind. Wir sagen, Scheiße hier, Scheiße dort. Aber wo können wir uns am einfachsten von dieser Scheiße befreien? Hier oder dort?

Ich würde die Frage nicht so stellen. Mag sein, daß meine zu weit greifenden Erörterungen den Anschein erwecken, als möchte ich die Mängel und Sünden dieser entzweiten Kultur gleichsetzen. Wenn meine Worte diesen Anschein erweckt haben, dann habe ich bestimmt etwas falsch gemacht. Ich wollte mit diesen Beispielen jedoch nicht auf eine eindeutige Parallelität hinaus, sondern ich wollte dir zeigen, wie ich über meine Niederlagen, diese zwangsläufigen Niederlagen lernen mußte, wie meine eigene Lage ist. Ich hatte sie als Beispiele der Selbstprüfung gedacht. Darauf bestehe ich. Etwas anderes kann ich nicht wollen. Kann sein, daß die Schlüsse, die ich aus meinen Analysen gezogen habe, falsch sind. Ich bestehe nur darauf, daß ich diese Analysen durchführen muß. Und ich gebe auch zu, daß diese zwei Episoden mich nicht in bester Form präsentieren. Es war nicht mein Ziel, mich selbst als schön darzustellen und den Polizisten als häßlich. Ich habe es einfach erzählt, um meine Situation deutlich zu machen. Der Unterschied zwischen unseren beiden Meinungen zeigt sich nicht darin, wie wir mein Verhalten werten, sondern darin, wie wir das Verhalten des Polizisten werten. Es kann sein, daß du recht hast. Bloß gebe ich nicht den Zweifel auf, daß du es vielleicht doch nicht angemessen beurteilt hast. Aber ich will nicht das von dir angesprochene Problem verwischen, und ich möchte auch nicht eine Parallelität herstellen, die meine eigenen Probleme relativieren würde.

Möglich, daß meine Fragen oder Kommentare die Sache mißverständlich machen, denn mich würde etwas ganz anderes interessieren. Durch derartige Situationen, durch das Eingrenzen der tieferen Schichten solcher Situationen, haben wir versucht, etwas Näheres über uns selbst, über die Gesellschaft, in der wir je leben, über unsere Kultur zu sagen. Mit meinen Kommentaren aber wollte ich auf eine für mich wichtige, schmerzhafte und vielleicht eben deswegen wichtige Frage hinaus, nämlich inwiefern wir in diesen Gesellschaften unsere Mängel und unsere Schlappen selbst verursachen. Bis jetzt haben wir sie ja eher so beschrieben wie eine Art Gewitter, wie einen Zustand höherer Gewalt. Denn bis jetzt haben wir uns eigentlich nicht die Frage gestellt, was dagegen zu tun ist und in welchem Maß wir selbst für unseren Scheiß verantwortlich sind. Um bei dieser Hundesituation zu bleiben: Da stellt sich die Frage, ob du dich ohne weiteres mit den Reflexen des östlichen Menschen gleichsetzen darfst. Denn daß es dabei nicht um ein empfehlenswertes Verhalten geht, dürfte, glaube ich, klar sein; oder vielleicht sind wir uns auch hierin nicht einig. Aber man kann es wirklich nicht das richtige Verhalten nennen, wenn jemand sagt, es sei nichts geschehen, nachdem ein Hund plötzlich einen friedlichen Bürger um ein Haar zerfetzt hätte. Man müßte sagen, es ist nicht richtig, denn dieses Verhaltensmuster ist ja dann auch auf andere Situationen übertragbar, in denen es einem echten Vergehen gleichkommen könnte, und ich rede nicht von irgendeinem Hund, sondern vielmehr von dem, was du gemacht oder nicht gemacht hast. Wenn du in einer solchen Situation deine moralische Verantwortung unterschätzt, dann wirst du es auch in anderen Fällen tun. Verstehst du? Daher die Frage. Wo ist unsere persönliche Verantwortung verborgen? In welchem Maß sind wir schuldig? Hast du dich danach töricht und schuldig gefühlt? Hast du es bereut? Dich deswegen geschämt?

Nein, ich habe keine Verantwortung gefühlt. Und ich habe es auch nicht bereut. Aber ich schämte mich, und so fühlte ich mich durchaus veranlaßt, jeden Schritt, in jedem seiner kleinsten Einzelheiten, der Analyse zu unterziehen und das Resultat der Analyse vor die Öffentlichkeit zu tragen. Wenn man schon von Verantwortung spricht, dann glaube ich, daß soviel genügt. Anders kann und will ich nicht von Verantwortung sprechen. Welche Begriffe ich gebrauche und welchen Gebrauch von Begriffen ich absichtlich zurückweise, ist vielleicht eine Folge der Erziehung. Mein ganzes Leben lang hat mich der Begriff der Verantwortung verfolgt. Alle trugen fortwährend Verantwortung, was bedeutete, daß nie jemand für etwas verantwortlich war. Denn entweder war es die blutgetränkte Geschichte oder das Schicksal oder Gott oder die Kommunisten, die verantwortlich waren, aber nie ich. Immer etwas anderes oder eben andere. Seit ich denken kann, habe ich nichts anderes gesehen als die Art und Weise, wie der Begriff Verantwortung einen Abschiebemechanismus in Gang setzte. Mit dieser Verantwortung bin ich bedient. Es interessiert mich auch nicht, ob jemand Verantwortung hat.

Nein?

Ich scheiße auch darauf, ob diese Auffassung von Verantwortung die Gesellschaft kaputtmacht oder ob sie andere kaputtmacht. Verantwortung ist die Losung dieses Systems, und mein Haß begleitet diese Losung. Ich verstehe sie, verstehe auch ihre Bedeutung und ihre ursprüngliche Funktion, aber ich verwende sie nicht. Ich habe die Situation analysiert und verstanden, warum ich mich so verhalten hatte. Die nackte Tatsache, daß ich nicht auf der Seite einer gewöhnlichen Straße gehe, auf der ich gehen möchte, beziehungsweise daß sich die Frage stellen muß, auf welcher Seite ich gehen soll, heißt ganz einfach, daß ich eine unmenschliche und demütigende Geste in mich selbst eingebaut habe. Davon weiß ich nichts, obwohl es zu meinem Blut und zu meinem Instinkt, zum Grundzug meiner Mentalität geworden ist und obwohl meine Arbeit darin besteht, all das aufzudecken, was ich nicht weiß. Zu jener Zeit, oder vielleicht etwas vorher, schrieb ich gerade über die Wachhunde, mit denen man jenes abgezäunte Grundstück beschützte, wo der kommunistische Führer, der Parteiführer Mátyás Rákosi wohnte. Ich habe in meinem Buch das Verhalten dieser Hunde beschrieben. Und auch das Benehmen der Leute, die in unmittelbarer Nachbarschaft zu dem geschlossenen Grundstück lebten. Ich habe darüber geschrieben, worauf diese Hunde dressiert waren und worauf die Leute abgerichtet waren. Ich habe auch untersucht, wie die Hunde dressiert wurden und wie sich die Dresseure zu verhalten hatten, damit die Dressur gelang. In dem Augenblick, als mich der Hund anfiel, hatte ich das alles ziemlich genau im Kopf. Ich wußte, daß diese deutschen Schäferhunde im Gegensatz zu anderen Hunden genetisch für die Dressur geeignet sind, aber daß man ihnen das zu Lernende nur mit sehr unbarmherzigen Mitteln einzubläuen vermag. Was dann gefährlich nach hinten losgehen kann. Manchmal nämlich begehren sie unerwartet auf, brechen aus, lassen ihre Instinkte frei, hören auf nichts und niemanden mehr, toben, müssen abgeknallt werden. Was nicht nur betreffend der Hunde lehrreich ist, auch ich selbst bin ja abgerichtet. Und gerade diese Geschichte zeigt, wie erfolgreich Dressur sein kann. Darüber habe ich in meinem Roman geschrieben, und in einer folgenden Arbeit habe ich das Motiv dieses nächtlichen Berliner Spaziergangs ziemlich im Detail analysiert, um anderen zu zeigen, auf welche Art das Unmenschliche in mir schlummert. Wenn du willst, kannst du das Verantwortung nennen, doch außer dieser analytischen Arbeit glaube ich an keinerlei Verantwortung oder so etwas.

Jetzt verstehe ich dich schon besser. Kurz zusammenfassend, würde ich mit meinen eigenen Worten sagen, daß du in dieser Situation den Untertan in dir entdecktest, etwas, wogegen du als Mensch und als Europäer sein mußtest. Wenn du dich ohne Überlegung, aus Reflex, als Untertan aufführst, gerätst du mit deiner Selbstachtung in ein kritisches Verhältnis. Und um solche Reflexe in dir selbst und auch in der Gesellschaft niederzukämpfen, um dich selbst und auf irgendeinem Weg die Gesellschaft zu verbessern, ist es deine Methode, all das zu notieren, niederzuschreiben.

Nein. Das Wesentliche ist die Analyse. Zuerst die Analyse und erst dann die Beschreibung. Wenn ich diesen Ausdruck gebrauchen darf, so kann man das eine geistige Arbeit nennen, deren Objekt und Instrument ich gleichzeitig bin. Ebendeshalb muß ich meine Aktivität darauf beschränken, um ja nicht von der Verantwortung anderer zu plappern, anstatt von mir selbst zu sprechen. Ich gebe da nicht irgendeinem moralischen Beweggrund nach, sondern es ekelt mich einfach, ein Klagelied von mir zu geben. Alles, was ich über das Verhalten des Polizisten sagte, war nur als Nebenbemerkung gemeint. Das ist seine Sache, die Sache der Deutschen, er muß es mit sich selbst ausmachen. Ob er das tut oder nicht tut – unvermeidbar wird er zeigen, auf welche Art er seine Situation beurteilt. Und wenn wir beide fähig sind, darüber zu sprechen, wie wir unsere eigene Situation beurteilen, dann kann man vielleicht einmal anfangen, auch von unserer gemeinsamen Verantwortung zu sprechen. Hingegen würde ich mir nicht erlauben, mit der Analyse eines anderen zu beginnen. Und auch keine Beschuldigung und keine Klage. Die Dressur ist nur dann sichtbar, wenn ich mich von ihr löse. Geschehe es im Stalinismus, im Hitlerismus oder in der aufgeklärtesten liberalen Demokratie. Doch auch mit diesen allgemeinen Regeln der Dressur befasse ich mich nur im Zusammenhang mit meiner eigenen Abgerichtetheit. Wenn ich irgend etwas anderes sagte, wäre das nur eine leere, geistlose oder eben auch geistreiche Annahme. Ich analysiere nicht meine Verantwortung und auch nicht die Verantwortung der anderen, sondern mein eigenes Verhalten. Und es ist meine Überzeugung, daß ich damit einer der Grundvoraussetzungen des europäischen Denkens entspreche. Doch vielleicht wäre es auch eine der Grundvoraussetzungen des europäischen Denkens, wenn wir uns jetzt zur Ruhe begäben. Meinst du nicht?

Vierter Tag

Es würde mich interessieren, wie deine persönliche Beziehung zu Politik aussieht. Wie stellst du dir Politik vor, Péter? Ist sie etwas Unvermeidliches, das seit Kain und Abel im wesentlichen unverändert so geblieben ist, also schrecklich und gräßlich? Etwas, das man zurückweisen muß, aus der Welt tilgen müßte, da ja Blut sein Saft ist? Oder ist es etwas durchaus Vernünftiges? Bei dem zwar andere die Entscheidungen fällen und es dir im Grunde egal ist, ob sie es tun oder nicht, das aber getan werden muß?

Es muß getan werden, ja. Auch ich tue es. Wenn ich eine Aufzeichnung davon mache, wie ich mich in jener Nacht in der Fontanestraße verhalten habe, und publiziere diese Aufzeichnung, dann mache ich Politik.

Inwiefern betrachtest du das als Politik?

Insofern, als ich denen, die es lesen oder zu lesen wünschen, etwas aufzeige.

Aber was hätte das mit Politik zu tun?

Es hat sehr viel damit zu tun, denn ich zeige etwas auf, das bis zu diesem Augenblick in mir verborgen war. Das Aufdecken ist zum Grundgestus der Aufzeichnung geworden, und mein Gestus ist eine sehr entschiedene politische Stellungnahme. Da ist eine Stadt, in der ich mich zu Hause fühle. Mich sogar mehr zu Hause fühle als zu Hause. Die trotzdem nie mein wirkliches Zuhause werden kann, denn ich verstehe sie und sie versteht mich nicht ganz. Ich spiele bloß mit der Möglichkeit, daß es mein Zuhause wäre. Und so treten auch die Unterschiede hervor. Und wenn ich diesen kleinen Spielen der Seele richtig nachgehe, dann ist das politische Aufklärung. Ich kläre diejenigen auf, die mit ihren Zwangsvorstellungen in einer politischen Traumwelt leben, so wie auch ich bis zu jenem Augenblick gelebt hatte. Allein schon deswegen, weil in der Welt, die ich mein Zuhause nennen darf,

Information ein recht seltener Schatz ist und infolgedessen Träume und Zwangsvorstellungen ziemlich üppig wuchern. Ich lebe in einer Welt, wo ich mir zum Beispiel sagen kann, alles wird gut, sobald ich über die Grenze hinausgelange. Weil dort ja das Gute herrscht, hier jedoch das Schlechte. Nur, daß dem nicht so ist. Besser gesagt, es ist nur auf der Ebene der politischen Deklaration und Reklame so. Denn ich selbst schleppe ja das Schlechte über die Grenze mit. Auch wenn die Demokratie etwas Besseres ist als die Willkürherrschaft oder der Volvo besser beschleunigt als der Trabant. Ich nehme meine Reaktionen mit, die nicht nur Funktionen meines Charakters sind, sondern zumindest ebenso meiner Erziehung und meiner Sensibilisierung. Nach meinem zwanzigsten Jahr sind sie im wesentlichen unveränderlich. Ich kann die Gesamtheit meiner Reaktionen nicht als Ballast, sondern nur als Gegebenheit auffassen. Das ist wie bei einer Schallplatte, die Musik wird in der Tiefe der Rillen fixiert.

Und befürchtest du nicht, daß die Vorstellung, die du dir auf diese Art von der Politik machst, zur Verwässerung des Begriffs führt? Das eben die Leute, die ins Private eindringen möchten, auf diese Art für ihre Auffassung von Politik eine Legitimation kriegen? Eine Schreibmaschine oder ein Tagebuch läßt sich ohne Schwierigkeiten in etwas Politisches verwandeln, es verlangt nur, daß man alles als Politik auffaßt.

Nein. Das ist nicht mein Begriff von Politik. Ich sprach jetzt eher von jener Welt, in der alles oder jedes Beliebige politische Bedeutung erlangt, weil die politische Spezialität dieser Welt eben darin besteht, daß politische Informationen fehlen, verdeckt oder eben verfälscht sind. In deiner Welt werden Mängel täglich aufgedeckt, morgen kann an den Tag kommen, was heute gefälscht worden ist und wer was verdeckt hat und warum und womit; das ergibt den politischen Bewegungsraum. In meiner Welt dagegen können Mängel und Fälschungen nur alle zwanzig Jahre durch eine fällige Katastrophe aufgedeckt werden, dann, wenn die Menschen schon einen ganz anderen Bewegungsraum haben und das gemeinschaftliche Leben rückwirkend nicht mehr verändern können. Wir in dieser Region beharren auch deshalb so krampfhaft auf geschichtlichen Erklärungen, weil die Kontinuität täglicher Erklärungen fehlt. Wenn ich also auf deine Frage eine einigermaßen befriedigende Antwort geben will, dann muß ich auch von dieser Spezialität sprechen, obgleich ich zweifellos auch eine persönliche Antwort darauf habe. Wenn ich es jetzt von diesem Gesichtspunkt aus formulieren müßte, dann würde ich sagen, die Politik ist ein Instrument des Menschen, mit dem er gemeinschaftliches Leben organisierbar macht.

Eben.

Ein Instrument, mit dem er die für das Zusammenleben unbedingt notwendigen Verhandlungen führen kann. Letzten Endes ist es nicht viel mehr als die Schnüffelnase der Tiere. Sie müssen einander beschnüffeln, um zu wissen, was von dem anderen zu erwarten und was nicht zu erwarten ist. Der in Herden lebende Mensch hat diese natürliche Gegebenheit und Notwendigkeit einigermaßen erweitert. Es ist eine selbständige Sprache daraus geworden und ein selbständiges System der Mittel, das aber dennoch als nichts anderes zu betrachten ist denn als eines der vielen Instrumente zur Organisation des Lebens. So werden für den, der diese Sprache spricht und nichts anderes gebraucht als das politische System der Mittel, die Angelegenheiten und Erscheinungen der Welt anders, als sie in Wirklichkeit sind. Sofern man der Literatur irgendwelchen Glauben schenken darf, könnte man sagen, daß diese Dinge früher, sagen wir, vor dem Ersten Weltkrieg, anders aussahen, die Politik noch keine solche Rolle spielte wie heute, daß sie sich noch nicht derartig aufblähte. Heute ist sie dagegen unglaublich belastet, sie übernimmt die Verantwortung – und möchte sie übernehmen – für die Liebe zwischen den Menschen, für ihr Glück, für das gesamte menschliche Dasein.

Vor allem möchte sie das.

Sie möchte es. Überhaupt, sie fühlt sich dazu imstande. Sie hat sich mittels des Herdenbewußtseins über uns ausgebreitet. Ich glaube jedoch nicht, daß man die grundlegende Tragik des menschlichen Lebens mit was für einer glückbringenden politischen Idee auch immer auflösen könnte. Ebendeshalb betrachte ich Politik als eine Notwendigkeit, mit der man zu jeder Stunde des Tages zu leben hat, mit der ich andere unter meinen Einfluß bringen kann und mit der umgekehrt andere mich unter ihren Einfluß bringen; diese Bestrebungen können jedoch in der Gesamtheit meiner Lebensbestrebungen nur eine beschränkte Rolle beanspruchen, und deshalb muß ich sie denn auch einschränken. Wie denkst du über diesen Begriff, wenn ich fragen darf?

Du darfst alles fragen.

Du wirst allenfalls nicht antworten.

Vielleicht weil ich gar nicht so einfach antworten kann. Ich möchte etwas von dir wissen, doch hinter meinen Fragen verstecken sich nicht – oder sehr selten – bestimmte Vorstellungen. Allein die Vorstellung oder vielleicht der Wunsch, durch meine Frage etwas zu entdecken.

Na ja. Gerade deswegen frage ich ja zurück, weil auch ich etwas entdecken möchte. Nicht die Dampflokomotive oder den Emmentaler Käse, weil die schon entdeckt worden sind, sondern zum Beispiel etwa deine Meinung hierüber.

Ich habe etwas anderes in dieser Berliner Geschichte entdeckt, das mir wichtig ist. Als du vorhin über Bewegungsmöglichkeit und Ortsgebundenheit sprachst, da hast du ziemlich deutlich für Bleiben optiert. Jetzt, mit dieser Hundegeschichte, sehe ich den Sinn der Aussage vielleicht noch deutlicher. Du sprachst von einem sehr traurigen Vorgang: Auch dann, wenn ich weggehe, auch dann, wenn ich auf die andere, angeblich bessere Seite komme, bin ich auf der angeblich schlechteren Seite. Denn ich habe mich selbst mitgeschleppt, und das bedeutet im Grunde genommen, meine eigene Welt, meine Gefühle und Unzulänglichkeiten, und in diesem Sinne könnte man diese Geschichte als Parabel über das Scheitern der Emigration, besser gesagt, über die Unmöglichkeit des Weggehens auffassen. Über dem Weggehen liegt ein Licht, das zeigt, daß dieser Weg nicht nach Hause führt. Mit dem Wechsel der Seite hattest du dich nicht von dir selbst befreit, deine eigenen Sorgen nicht abwerfen können. Kurz gesagt, wir sind nicht mehr zwanzig, sondern einiges älter und deshalb außerstande, uns noch von unserer eigenen Welt zu befreien. Wir können uns nicht von den Vorstellungen befreien, mit denen wir diese Welt aufgebaut haben. Ein solches Experiment sei deshalb eigentlich sinnlos. Würdest du es so akzeptieren?

Nein. Es gibt nämlich Leute, die nicht aus eigenem Ermessen weggingen, sondern die gezwungen wurden, wegzugehen. Und wenn sie diese Unmöglichkeit, das Exil, wählen, haben sie sicher einen guten Grund dafür. Sie tun es beispielsweise um ihres Lebens willen, und da hätte ich überhaupt keine Bedenken.

Ich habe ausschließlich dich gemeint.

Ja, aber ich möchte trotzdem nicht den Anschein erwecken, daß ich irgend jemanden verurteilen würde, weil er seine Heimat verlassen hat. Ich spreche darüber nur unter dem Aspekt, wie flexibel die menschliche Seele ist, wie weit man gehen kann und welches die geographisch nicht zu bestimmenden Grenzen sind, die er auch dann nicht überschreiten kann, wenn er diese andere Domäne sprachlich nachzuvollziehen und geistig aufzunehmen imstande ist. Aber wenn jemand es versucht, kann man nichts dazu sagen, was ihn verurteilt.

Ich spreche nur von dir.

Was mich betrifft, so bin ich in der Tat lächerlich an den Boden gebunden. Auch darüber habe ich schon geschrieben. Von einer älteren Freundin, die mir dauernd in den Ohren lag, ich solle von hier weggehen. Solange es nicht zu spät sei. Ich war zwanzig. Und ich verstand nicht, was sie meinte, denn eine solche Möglichkeit dämmerte mir nicht einmal. Ich hielt einen solchen Entschluß für vollkommen müßig. Denn ich könnte ja auch nicht für meinen eigenen Entschluß halten, daß ich hier geboren worden bin, daß Ungarisch meine Muttersprache ist und ich mich in dieser Sprache ausdrücke. Und wenn das nicht mein Entschluß ist, wie könnte ich mich dann gegen eine Gegebenheit zu etwas entschließen? Diese Freundin, die in der Welt herumgekommen war, wiederholte fortwährend, daß ich mit meinen Fähigkeiten oder Anlagen hier zu gar nichts kommen könnte. Wahrscheinlich hatte sie recht. Dieses Problem jedoch kann man mit zwanzig Jahren nicht einsehen, weil man im Bewußtsein seiner Fähigkeiten hochmütig antwortet, daß man, wenn man zu gar nichts kommt, auch zu nichts kommen soll, weil die eigenen Fähigkeiten dann nicht gut genug sind. Mangels Erfahrung sieht man eben nicht ein, wie weit man kommen kann mit den Fähigkeiten, die in einem stecken, und wo die Macht der Umstände beginnt. Doch begegnete ich diesem ganzen Problem noch schärfer, als Magdas beide Söhne heranzuwachsen begannen und sich in den Kopf setzten, daß sie von hier weg müßten. Ich versuchte, meiner hochgemuten Überzeugung entsprechend, ziemlich gewaltsam, ihnen diesen Entschluß auszureden. In dieser Frage lag ich fortwährend im Clinch mit ihnen, es war unser tagtägliches Thema, ich terrorisierte sie mit meinen Argumenten und erpreßte sie selbstverständlich mit Liebe. Als sie dann gegangen waren, zuerst der eine, dann auch der andere, da mußte ich mir langsam eingestehen, mit was für Torheiten ich sie gefüttert hatte. Sie haben recht gehabt. Wären sie hiergeblieben, wären sie zugrunde gegangen. Ich war ihnen dankbar, daß sie nicht auf mich gehört, sondern ihren Gefühlen gehorcht hatten. Ich mußte diese Niederlage so begreifen, als hätten sie mich mit ihr beschenkt. Sie haben recht gehabt, doch bedeutet das noch nicht, daß ich die Probleme nicht sähe, die sie sich mit ihrem Weggang dennoch aufgehalst haben. Ich sehe, wie sie sich mit all dem herumschlagen, was sie von hier mitgenommen haben und womit sie dort nichts anfangen können. Ich sehe, wie sie die Träume ihrer Kindheit weiter hegen, wie sie zwischen den beiden Welten etwas mit sich herumschleppen, das weder hier noch dort lebt. Ich sehe, wie sie diese toten Einschlüsse täglich in sich zum Leben erwekken müssen, wie sie sich daraus Nostalgien schaffen und wie sie wegen dieser Nostalgien zu sehr unglücklichen Lösungen gelangen. Ob sie diese Nostalgien nun niederkämpfen oder ob sie sie bewahren. Vielleicht bin ich ein zu rigoroser Realist, um mir solche Erlebnisse zu wünschen. Ich wünsche mir weder ihre falschen Ideen noch ihre Qualen. Ich kriege natürlich schon mein Fett weg. Als ich zwanzig war, in den sechziger Jahren, da war das Nonplusultra an Freiheit hier, daß man für einen Monat verreisen durfte. Ich benützte auch diese Möglichkeit nicht. Ich sagte ganz bewußt und laut zu mir selbst, ich werde nicht zulassen, daß mir der Staat vorschreibt, wann ich woher zurückzukommen habe. Und wenn ich solche Vorschriften nicht aushalte und auch nicht ertragen will, dann ist es besser, wenn ich bleibe, weil mir das niemand vorschreiben kann. Die Zeit des Bleibens ist nicht beschränkt. Mein eigenes Leben kann ich jederzeit wegnehmen, und dann ist das Glück und alles für mich erledigt. Was natürlich nur eine andere Form des Selbstbetrugs und der Zwangsergebenheit ist, aber eine gröbere und unmittelbarere Form, als wenn ich mich mit der staatlichen Bewilligung in der Hand benehme, als wäre ich frei, als wäre ich nicht ein an den Boden gebundener Leibeigener dieses Staates, und dann auf die Stunde genau zurückkomme. Ich vergrößerte in mir den Zwang, den Zwang der Umstände, und so, indem ich es ad absurdum steigerte, habe ich es durchgestanden. Ich war fünfunddreißig, als ich das erste Mal in den Westen reiste.

Ein fertiger Mensch.

Ein fertiger Mensch, der fühlt, daß ihm das Glück zuteil geworden war, halbfertig geblieben zu sein. Dem immer das Glück zuteil geworden war, daß alles so geschehen ist, wie es geschehen ist. Und es war wirklich einiges Glück dabei, denn da interessierten mich die Dinge, die in den Schaufenstern angeboten wurden, schon nicht mehr. Ich war mit anderem beschäftigt. Beziehungsweise müßte man sagen, ich war mit etwas anderem beschäftigt. Noch genauer könnte man sagen, ich war mit meinen Emotionen beschäftigt. Diese aber traten nur deshalb so hervor, weil mein ganzes Leben nichts weiter gewesen war als eine Folge von Unterdrückungen. Und so interessierten mich dann die käuflichen Dinge, die besitzbaren Gegenstände, das Angebot der Schaufenster nur wenig.

Es wäre peinlich, in dem Zusammenhang von mir selbst zu sprechen, auch wenn mich das Thema nicht weniger angeht. Aber ich kann mich, wenn ich mich nicht lächerlich machen will, nicht einen Emigranten nennen. Wenn du dich als einen rigorosen Realisten bezeichnest, so stammen meine Beweggründe wegzugehen, eher aus der Operette. Bestimmt hat es mehr als einen Grund und ist mir bis heute nicht ganz klar, was mich von zu Hause weggeführt hat, aber als du dich eben einen rigorosen Realisten nanntest, da schien mir, als ich darüber nachdachte, als hätte ich die Aura gefunden, in die mein eigener Entschluß zu stellen ist – eine Aura von Leichtsinn. Denn es war ein recht leichtsinniges Unterfangen, einen so langen Weg zu wählen, um zu ebendieser Erkenntnis zu gelangen. Wollte ich sie grob ausdrücken, würde ich sagen, du wirst nie zu einem anderen als dem, der du bist beziehungsweise warst. Du kannst dich weder von der Kultur noch von der Gesellschaft, in die du hineingeboren wurdest, die den ersten fünfzehn Jahren deines Lebens eine Form gaben, völlig losreißen; wenn dein Weggehen von Neugier oder dem Fluchtgedanken diktiert ist – und nicht der Flucht auf Leben und Tod –, bist du dazu verdammt, früher oder später zurückzukehren; vielleicht sogar wortwörtlich so wie ein Tier in seinen Bau. Es brauchte sehr lange, bis es mir gelang, das zu verstehen. Ich denke aber nicht an jene Sehnsüchte und Nostalgien, die du im Zusammenhang mit Magdas Söhnen erwähnt hast, obwohl ich glaube, auch sie gut verstehen zu können. In meinem Fall geht es dennoch um anderes. Sie sind weggegangen, um für sich ein neues Zuhause zu entdecken, ich habe dagegen durch meinen Weggang entdeckt, daß ich nur ein einziges Zuhause habe, und zwar dort, denn hier habe ich keines. Und in dem Augenblick, als ich gewahr wurde, daß die offenen Türen nicht in mein Zuhause führen, daß die herzlich ausgebreiteten Arme nicht viel mehr als Gesten sein können, daß ich mir nur wenig von dem zu eigen machen kann, was ich hier gefunden habe, da entstand dieses gewisse Verlangen nach dem Licht, das über dem Weg nach Hause liegt – ein anderes Licht als das, was über dem Weg in die Ferne liegt. Man könnte es Aussöhnung nennen; es hat mit Reife zu tun. Denn nur dann merkt man, wo zu Hause ist, wo man sich selbst finden kann und wie der Weg nach Hause aussehen wird. Wenn man ihn nicht durch viel Glück oder Instinkt, vielleicht auch durch Begabung schon früher gefunden hat.

Ich glaube nicht, daß das eine Sache des Instinkts oder der Begabung ist. Denn man ist ja auch fähig, sich selber zu mimen, sich ein Wesen zu erfinden, dem man gleich wird, mit dem man aber um Gottes willen nicht identisch sein will! Und man muß auch lernen, mit dieser besonders täuschenden und irreführenden Fähigkeit umzugehen. Und das lernt man nur aus einer Menge eigener Erfahrungen. Zu erkennen, auf welche Art meine eigene Struktur mit meinen Umständen verknüpft ist und auf welche Art sich meine Umstände mit meiner Struktur verknüpfen. Das sind Relationen. Und diese Relationen geben mir weder Grund zu Kummer noch zu Freude; höchstens ihre Entdeckung kann mir Freude bereiten, oder ich kann wegen ihrer Entdeckung bekümmert sein. Ich meine zu verstehen, was du gerade erzählt hast, trotzdem möchte ich, daß wir noch in einem anderen Zusammenhang von diesen ersehnten oder realen Welten sprechen, denn in deiner Darstellung klang es für meine Ohren ein wenig sentimental. Zu sentimental, entschuldige.

Gut, dann laß uns von einem ganz anderen Gesichtspunkt von diesen Dingen sprechen. Ich würde sagen, daß in der Politik der Materialismus dazu dient, das Herz des Menschen oder Gott zu ersetzen; oder er schaltet Gott oder Herz einfach aus dem Denken aus. Das klingt schrecklich, aber wir können es auch anders formulieren: Wenn man die Menschen früher mobilisieren wollte, brauchte man bloß zu sagen: «Bringt die Juden um», oder: «Proletarier aller Länder, vereinigt euch.» Solche Phrasen brachten die Gesellschaft dann in Bewegung, und wir wissen, wohin das führte. Heute geht das so nicht. Die Schlagworte sind deshalb durch die materielle Produktion oder besser, durch den Genuß aus dieser Produktion, ersetzt. Und es gibt immer wieder Menschen, die nach einer Weile spüren, daß das zuwenig ist, daß es zu nichts führt. Es führt zu nichts, und doch führt es zu etwas, nur daß mit diesem Etwas die geistigen Bedürfnisse des Menschen nicht zu befriedigen sind. Dennoch, durch diese Politik wird die Gesellschaft sozusagen ohne Gott, aber auch ohne den Juden und den Proletarier in Bewegung gesetzt. Wenn du nun diese letzten archaischen oder dinosaurischen Gesellschaften des real existierenden Sozialismus näher ins Auge faßt, weißt du, daß sie diese materielle Entwicklung nicht mitgemacht haben, doch wenn die Polen zum Beispiel versuchen, sich den geistigen Sehnsüchten zuzuwenden, die ihr eigener Papst repräsentiert, dann führt das ebenfalls zu nichts, denn auch sie können nicht ohne diesen alles ersetzenden Materialismus sein. Der Papst mobilisiert die Polen zwar, aber das ist nicht genug, um eine ständige Bewegung der Gesellschaft herbeizuführen. Du hast vom Guten und vom Bösen geredet und gefragt, woher das eine oder das andere kommt und wohin es führt. Mir scheint aber, daß diese Frage in der modernen Gesellschaft auf der Ebene der Politik nicht mehr so gestellt wird, und zwar bewußt; wenigstens werden gut und böse klein geschrieben. Weil die Frage in dieser Form nicht sehr relevant ist.

Diese Frage ergibt sich ebenso natürlich, wie sich ergeben hat, daß die Polen einen polnischen Papst bekommen haben. Die neutral funktionierende Welt hat einen polnischen Papst präsentiert. Das ist das Interessanteste an der Sache. Die Polen waren wohl mehrere hundert Jahre lang so sehr nach eben jenem Guten aus – wobei sie natürlich schon auch ihre Schlechtigkeiten begingen –, daß es gar nicht anders geschehen konnte. Ihr Bestreben hat sich durchgesetzt oder wurde Teil dieses riesigen neutralen Funktionierens. Du würdest vielleicht sagen, es erreichte das Herz der Welt. Es ist eine andere Frage, daß der polnische Papst weder die Probleme der Polen noch jene der Welt lösen wird. Jedoch zu fragen, ob die Welt des materiellen Überflusses wohl ohne weiteres mit gut gleichzusetzen ist beziehungsweise die Welt des materiellen Mangels ohne weiteres mit schlecht oder böse, ist für mich gerade deswegen natürlich, weil ich in der Gesellschaft der Dinosaurier lebe, hier bin ich erzogen worden, das ist mein Zuhause, und mir ist jene wünschenswerte Entwicklung nicht zuteil geworden. Wenn ich diese Zustände, diese Lebensbedingungen also nicht ändern kann und ich noch über etwas mehr nachdenken möchte als über das bloße Überleben, dann muß ich zu diesen klassischen Fragen gelangen. Vielleicht gehen mich diese Fragen auch mehr an, denn ich habe meine eigene Seele zu retten, mehr als jemand, den die materielle Welt schon so weit verführt hat...

Danke.

...daß er nicht gezwungen ist, sie zu stellen. Wenn ein Paket gewöhnlicher Zigaretten einen derartigen Grad an materieller und ästhetischer Vollkommenheit vorweisen kann und wenn jedwede Sache auf das Ziel derartiger Vollkommenheit ausgerichtet ist, wenn jedes kleine Ding auf dieser Welt so vollkommen sein kann, wie ich das in der entwickelten westlichen Welt jeden Tag zu jeder Minute erleben, mir aneignen, mir kaufen kann, dann werde ich solche Fragen nicht stellen. Denn ich komme ja fortwährend mit vollkommenen Dingen in Berührung. Deshalb war die Schokolade, die mir Susanne auf den Weg mitgegeben hatte, von so großer Wirkung auf mich. Deshalb sprach ich darüber, weil sie wirklich vollkommen war. Nicht nur der Geschmack, sondern auch die Verpackung. Nicht nur die Verpackung, sondern auch der Geschmack. Gut und schön hatten zusammengefunden. Ich hatte die vollkommenste aller bestehenden Welten erreicht. Ich kostete von diesem kleinen Geschenk, als ich von euch wegflog. Ich flog in einem Flugzeug, das wiederum zu den guten Dingen gehört, denn es brachte mich in viel, viel kürzerer Zeit von Wien nach Berlin, als ich brauche, um zum Beispiel in einem dreckigen Zug von Budapest nach Gombosszeg hinunterzuholpern, obwohl die Entfernung viel größer war. Und die Damen, die nachfragten, ob ich Apfel-, Orangen-, Tomaten- oder Maracujasaft oder was weiß ich wünschte, waren schön. Hin und wieder konnte ich auch die Piloten sehen; schöne, sonnengebräunte, ruhige Menschen. Starke Männer, denen du dich ruhig überlassen kannst. Auch wenn weder sie wissen, noch ich weiß, warum wir fliegen. Wir fliegen, um möglichst schnell von einem Ort zum anderen zu gelangen, wobei aber weder diese schönen Menschen noch ich wesentlich mit dieser Operation zu tun haben. Eigentlich überlasse ich mich Leuten, die ihr Vertrauen weder auf mich noch auf andere Menschen verschwenden, sondern einer Maschine und der Vollkommenheit der die Maschinen in Gang haltenden Systeme vertrauen, über die sie persönlich nicht viel wissen können. Ich liefere mich Damen und Herren aus, die ein perfektes Äußeres haben und ununterbrochen lächeln, obwohl das Flugzeug im nächsten Augenblick abstürzen kann.

Im Osten kann es sicher abstürzen, doch im Westen nicht. Dort kann es höchstens explodieren.

In einer so perfekt funktionierenden Welt werde ich jene Fragen natürlich seltener stellen. Doch bin ich sicher, daß es keinen Menschen gibt, der imstande wäre, sich diese Fragen nicht zu stellen. Allenfalls verdeckt er vor sich selbst, wonach er ständig fragt. Diese klassische Frage kennt keine Grenzen und ist auch mit den verschiedenen Gesellschaftssystemen oder Ideologien überhaupt nicht einzugrenzen. Es ist nicht möglich, von der Güte oder Schönheit einer Sache zu sprechen, ohne damit nicht zugleich auch von der Schlechtheit oder Häßlichkeit ebendieser Sache zu sprechen; das sind Relationen. Diese Zigaretten hier in meiner Hand können aus erlesenen Tabakblättern hergestellt sein, es kann sein, daß keine einzige Rippe darin ist, die Packung kann einwandfrei sein, und doch muß in kleinen Buchstaben darauf angegeben sein, daß diese Zigaretten schädlich für meine Gesundheit sind. Es ist allenfalls so, daß ich in diesem Fall aus dem einen oder anderen Grund eher ihre Schönheit und Güte betone als ihre Eigenschaft, daß sie meine Gesundheit ruiniert, daß ich Lungenkrebs davon bekommen und daran krepieren kann. Ich halte es deshalb für wichtig, nicht in Kategorien, sondern in Relationen zu denken, weil ich neugierig bin, warum wir das eine Gesellschaftssystem, das, verglichen mit dem anderen, nach unseren Erfahrungen bestimmt besser ist, mit dem Guten an sich gleichsetzen müssen, während wir das andere, das auf der Ebene der Erfahrungen bestimmt schlechter ist, gleichsetzen mit dem Bösen an sich. Das tun wir ja. Wir haben etwas gemacht, was in der Geschichte bisher noch nie gemacht worden ist. Nach einem schrecklichen Krieg, in einem echten Prozeß, einem internationalen Prozeß, konnten wir sagen, welches die Schuldigen waren, die diesen Krieg angezettelt und geführt haben. Während bis dahin die Menschen sich stets gegenseitig angeklagt hatten, daß der andere es gewesen sei, so daß sich der Schuldige nie hat herausstellen können. Nicht ich, sondern du, nicht mein Volk, sondern das deine. Das Gericht der siegreichen Völker hingegen verurteilte jetzt nicht ein unterlegenes Volk, sondern Personen, die nach Ansicht der siegreichen Völker als Repräsentanten ihres eigenen Volkes ihre Untaten an der ganzen Menschheit und also auch an ihrem eigenen Volk verübt hatten. Und in diesem Urteil ist etwas ungeheuer Neues. Das internationale Gericht setzte eigentlich den aussichtslosen Jahrhunderten gegenseitiger Beschuldigungen ein Ende, als es bestimmte Personen schuldig sprach. In Wahrheit verkündete das internationale Gericht mit seinem Urteil, daß es vorbei ist mit den gegenseitigen Anklagen der Völker, denn nun waren ja die und die Menschen die Schuldigen. Geduld, ich kehre gleich zum Ausgangsgedanken zurück und dann wird klar, wovon ich spreche. Nun hat jedoch ein Prozeß begonnen, der den Stalinismus und seine sämtlichen Statthalter auf Erden schuldig spricht. In diesem Prozeß gibt es kein Gericht, und doch wird das moralische Urteil, das seit Jahrzehnten allgemein bewußt ist, öffentlich verkündet, nämlich daß sie schuldig sind, daß ihr Tun kriminell war und bleibt. Das über den Stalinismus, den Kommunismus und den real existierenden Sozialismus verhängte Volksurteil hat den Nürnberger Prozeß zum Muster, und zwar ist es so, als hätten wir bei beiden Vorgängen das geschichtliche Geschehen selbst unter Anklage gestellt. Nicht, als würden wir sagen, das Schicksal, die göttliche Vorsehung, geschichtliche Notwendigkeiten haben es so oder anders eingerichtet, sondern wir sagen, dies sind die Schuldigen, die zu benennen sind, und wir werden es nun richtig machen. Diese in der Geschichte völlig neuen Urteile haben aber einen sehr wesentlichen Nachteil. Wenn ich etwas öffentlich als Verbrechen bezeichne und den Schuldigen nenne, dann sage ich damit, daß es eine mir völlig fremde Sache ist, etwas, das nicht aus meinem Inneren stammt und auch nicht mit ihm zu vereinbaren ist, daß ich also ein Opfer dessen war, und siehe, das Urteil bestärkt mich denn auch, daß ich ein Opfer dieses oder jenes Menschen sei. Nur weiß ein jeder ganz genau, daß diese als fremd und infernalisch beurteilten Systeme nicht entstanden wären oder nicht funktionieren könnten ohne seine Teilhabe, sei die Form der Teilhabe aktiv oder passiv. Doch dann läßt sich nicht aufrechterhalten, daß der Stalinismus oder der Hitlerismus nicht eine Frucht unserer innersten Bestrebungen sei. Es läßt sich allenfalls behaupten, wir hätten nicht rechtzeitig bemerkt, daß uns diese oder jene unserer Bestrebungen solchen Kriminellen ausliefern und unsere Bequemlichkeit, unsere Unaufmerksamkeit dazu beitragen würden, daß es diesen kriminellen Systemen gelungen ist, sich zu etablieren und zu existieren. Wenn aber alles, was Verbrechen gegen die Menschheit genannt werden mag, nunmehr weder der Macht des Schicksals noch geschichtlicher Notwendigkeit, noch göttlicher Vorsehung unterstellt werden kann, wer gibt mir dann die Gewißheit, daß es morgen anders sein wird, als es gestern war?

Niemand.

Und wenn sie mir jemand gäbe, woher nähme dann er seine Gewißheit? Denn wenn ich jene meinungs- und urteilsbildenden Vorgänge, von denen ich jetzt nur sehr oberflächlich spreche, nicht genügend durchschaue, dann tue ich eigentlich nichts anderes, als die Techniken, die jene als böse qualifizierten Mächte unter meiner Teilhabe ausgearbeitet haben, völlig bedenkenlos zu übernehmen oder geradewegs zu sanktionieren. Und es ist zu befürchten, daß jene Massengesellschaften, die auf den Trümmern des Hitlerismus und Stalinismus entstehen, ebendadurch die Techniken der massengesellschaftlichen Organisation übernehmen, daß sie die eigene Verantwortung für die begangenen Verbrechen unbereinigt lassen. Wenn mein Ideal eine Massengesellschaft ist, in der jeder das gleiche Recht auf die tägliche Banane hat, dann muß ich die Techniken ausbauen, die es ermöglichen, daß jeder jeden Tag seine Banane erhält. Millionen von Menschen werden sich mit der Bananenproduktion beschäftigen, doch weder sie noch die Reklamefachleute können für die Zerstörungen verantwortlich gemacht werden, welche die so unvermeidlich notwendig gewordenen Monokulturen etwa in Afrika oder Südamerika anrichten.

Nein. Diesen Schritt vom Pogrom zur Banane mache ich nicht mit.

Oder ginge es nur darum, daß wir den unter Anklage stehenden Müll der Geschichte ein bißchen weiter weggewischt haben? Weil man heute wirklich nicht sagen kann, Proletarier aller Länder, vereinigt euch, und meistens schickt es sich auch nicht zu sagen, daß es dir wohl bekommen wird, wenn du den Juden, den dreckigen Nigger, den irischen Protestanten, den Ungarn, den Rumänen oder wasweißich wen haust. Aber ich bin nicht überzeugt, daß das Operieren dieser scheinbar zahmere Ziele verfolgenden neuen Massengesellschaften mit Dingen, erwerbbaren Gütern und Strukturen nicht zu Verbrechen gegen die Natur führt, obwohl man mir nicht gesagt hat, ich solle den Juden hauen oder mich mit den Proletariern aller Länder vereinigen, sondern bloß, daß ich eine gute Banane essen soll. Und warum sollte ich sie nicht essen, da sie ja gut ist. Aber vielleicht gehe ich mit dieser Erörterung wieder zu weit. Es wäre vielleicht gut, wenn wir mit einer anderen Frage, die mir schon während unserer gestrigen Redeschlacht eingefallen ist, in realere Regionen zurückkehren. Aber nein, jetzt stelle ich sie doch nicht.

Die Luft wird dünn, aber setzen wir es trotzdem noch ein bißchen fort. Die Gesellschaften, in denen sich Massen herausbilden, in denen die Menschen manchmal nicht in die gewünschten, manchmal nicht in die gewollten oder auch nicht in die beschlossenen Beziehungen zueinander gelangen, müssen so aufgebaut sein, daß die Möglichkeit der bösen Tat eingedämmt ist. Das hat mehr mit Methode als mit Moral zu tun, jedoch mit einer auf moralischen Werten basierenden Methode. Die Menschen sollen einander nicht ermorden, sie sollen keine Verbrechen begehen. Und zumindest in jenem weiten Zivilisationskomplex, in den ich jetzt auch die europäischen Länder des Realsozialismus mit einrechne, bietet einzig die Demokratie die Möglichkeit oder mindestens die Hilfe, diese Gefahren abzuwenden. Denn die Demokratie baut auf Kompromisse und nicht auf Hierarchien: Sie baut nicht darauf, was im tiefsten Wortsinn gut und böse ist, nicht auf etwas, das in einer Massengesellschaft immer falsch interpretiert werden kann, da sich ja stets und überall einer findet, der von etwas Schlechtem oder Bösem behaupten wird, gerade das sei gut. Der Kompromiß ist die einzige und dürftige Anerkennung des Umstands, daß weder ich noch du die ganze Wahrheit erfassen können; wahrscheinlich siehst du etwas von ihr und sehe ich etwas von ihr, oder zumindest ist das unsere Arbeitshypothese. Wir bringen beide Positionen in Verbindung miteinander, wir vereinigen sie, und daraus entsteht etwas Tragendes für die Gesellschaft. Was auf der Ebene unserer Übereinkunft bedeutet, daß wir je allein das Ganze nicht umfassen können. Und wir bewahren den Ritus dieser Einigung auch dann, wenn in der Praxis gelegentlich zu sehen ist, daß doch du recht hattest oder daß ich recht hatte und unser Kompromiß deshalb doch nicht optimal war. Der Kompromiß der Demokratie ist ja eine Art Spiegelbild des kybernetischen Verhaltens, über das wir schon sprachen; aus Fragmenten, in diesem Falle verschiedenen Auffassungen oder Überzeugungen, entsteht ein Provisorium. Die Demokratie ist ja tief provisorisch; sie macht zwar Kräfte frei, indem sie jeden nach seiner Meinung fragt, scheint mir aber vor allem in einer pessimistischen und minimalistischen Auffassung von uns Menschen verwurzelt. So gefällt sie mir; und ich glaube an diese Methode – das Wort «Glaube» ist nicht zu stark. Ich glaube an diese unvollkommene und äußerst zerbrechliche Methode schon deshalb, weil ich, betrachte ich das Leben von der Gesellschaftsebene aus, nichts Besseres kenne. Im Hitlerismus und im Stalinismus war das anders, in diesen Gesellschaften hieß es, dies sei das Gute und jenes das Böse. In der Demokratie aber wird die Methode selbst zum Ziel der Gesellschaft, weil wir hoffen, die Hölle, die Vernichtung, den Wahnsinn, die Zerstörung so vermeiden zu können. Und um die so entstandene geistige Leere zu überdecken, muß man das Materielle, das Dingliche breitwalzen. Ob das etwas bringt? Wie sehe ich das alles bei Halina? Es bringt doch ziemlich viel: Im westlichen Leben hat sie zu Gelöstheit und Unverkrampftheit gefunden.

Das meinte ich auch. Ich habe beobachtet, daß meine Schritte nicht mehr so verkrampft sind.

Ja, du sprachst davon, ich habe es mir gemerkt. Und während du davon sprachst, erinnertest du mich an Halina. Diese sich lösenden Verkrampfungen, diese Genüsse, die von den alltäglichen kleinen Freiheiten geboten werden, sind unglaublich wichtig. Doch für Halina bedeutet dieses westliche Leben gleichzeitig auch den Verlust der Freude; ich sehe es ihrem Gesicht an. Sie sieht den Sinn dieser alltäglichen kleinen Freiheiten nicht, und auch die Lockerung der Verkrampfung ist ihr nicht genug. Auch das gehört zur Demokratie. Für Halina muß der Sinn immer etwas Höheres sein. Für sie könnte die Entkrampfung nur das

Mittel, so etwas wie die Vorbedingung dafür sein, diesen Sinn zu finden.

Ja, auch der Kern meiner Frage ist ähnlich. Deshalb bleiben mir Vorbehalte im Zusammenhang mit all dem, was du über die Demokratie gesagt hast. Ich versuche, in einem sehr kleinen Rahmen zu erklären, wie ich mit diesem Begriff Bekanntschaft schloß. Wie du weißt, stamme ich aus einer bürgerlichen Familie. Durch die Lebensauffassung dieser sehr wohlhabenden oder eben verarmten Bürger habe ich jene umfassendere Welt kennengelernt, die in Ungarn das Bürgertum bildete. Nur war diese Bekanntschaft zwar zu einem guten Teil grundsätzlicher Natur, unterlag andererseits aber einem System kritischer Aspekte, da ja meine Eltern Kommunisten waren und mich deshalb unter dem kritischen Aspekt einer anderen Möglichkeit des Lebens, des Begriffs der menschlichen Gleichheit, mit dem Bürgertum bekanntmachten. Ich habe es an meiner eigenen Haut gespürt, am eigenen Körper, wie meine Eltern mit diesen Ideen zugrunde gingen. Über was für Steilhänge, zwischen welchen steinharten Felsen sie von diesen Ideen geführt wurden und in welche Abgründe von moralischem Vergehen und Sünde sie abstürzen mußten. Und zu was für Ergebnissen jene Gesellschaften von diesen Ideen geführt wurden und welchen Preis sie für diese sich als falsch erweisenden Ideen bezahlen mußten. So blieb mir dann keine andere Wahl, als zu den Ideen der bürgerlichen Demokratie zurückzukehren, mit denen ich unter dem Aspekt einer tagtäglich versagenden Kritik bekanntgeworden war. Der Gegenstand der Kritik erwies sich als stärker als die Argumente, die diesen Gegenstand hatten zunichte machen wollen. Gegenüber aggressiver Verständnislosigkeit mußte ich Toleranz akzeptieren, gegenüber geistiger Willkür die Vielfalt der Meinungen, gegenüber dem Diktat den Kompromiß. Diese Grundwerte demokratischen Denkens mußte ich mir auf einer minimalen Ebene, aber über Jahrzehnte am Leben erhalten. Ich mußte für mich selbst den Bürger imitieren, damit er nicht umkomme. Ich mußte für mich ein ziviles Bewußtsein meiner selbst am Leben erhalten, das durch meine Lebensumstände kaum gerechtfertigt war. Und jetzt, da ich, schon über die Hälfte meines Lebens hinaus, immerhin eine gewisse Chance habe, die verbleibenden Jahre nicht unter der Herrschaft von Unvernunft, Diktat und geistiger Gewaltanwendung zu verleben, bin ich doch in eine seltsame Lage geraten. Mein jahrzehntelanges Bemühen könnte der naheliegendste Beleg für die natürliche Überlegenheit der Demokratie sein, doch da ich diese Grundwerte nur auf einer minimalen Ebene am Leben erhalten konnte, muß ich erkennen, daß ich für die Lebensführung der entwickelten Demokratien eigentlich ungeeignet bin, und diese erklären mich denn auch, ihre Überlegenheit ausnützend, für ungeeignet zu einer solchen Lebensführung. In dieser Geste aber funktioniert genau der gleiche Bequemlichkeitsreflex, mit dem sie jahrzehntelang meine Kämpfe als böse deklarierten oder dann gar nicht zur Kenntnis nehmen wollten.

Böse, wie meinst du das?

Selbstverständlich haben sie nicht mich als böse deklariert, nicht mich persönlich, sondern global jene Gesellschaften...

Ach, so...

...die letztlich eine Gesamtheit von Menschen waren, die sich so oder so, aber auf jeden Fall mit dieser Gesellschaftsordnung abmühten, für oder gegen sie. Und das ist eine sehr listige Sache. Die westlichen Demokratien haben in den vergangenen Jahrzehnten jene negativen Lehren aufgearbeitet und in ihre innere Ordnung integriert, die vom real existierenden Sozialismus geboten wurden, während die Menschen im real existierenden Sozialismus allenfalls zur bloßen Ablehnung oder zu einer Art Reformismus gelangt sind, wenn sie überhaupt so weit gelangt sind. Über die Lebenstechniken aber, mit denen sie sich in jene nunmehr hochentwickelte und sozial ausgewogene, von ihnen jahrzehntelang vergeblich ersehnte demokratische Ordnung integrieren könnten, verfügen sie schon gar nicht. Und so wie du den Unterschied darstellst, verweist das ebenfalls auf diese Unmöglichkeit oder zumindest Schwierigkeit. Man sollte allerdings nicht nur vom politischen Gesichtspunkt darüber reden. Die anthropologischen Züge sind vielleicht noch wichtiger. Ist man schon einmal in eine Welt geworfen, dann möchte man mit dieser Welt im metaphysischen Sinn des Wortes eins werden. Die Frage ist, ob das überhaupt möglich ist. Auf unserer primitiven Ebene stellt sich jedoch jetzt eher die Frage, ob ich mit meinen Gegebenheiten überhaupt geeignet bin, mich mit den Eigenschaften einer solchen Welt zu identifizieren. Früher bedeutete Gott die Einswerdung. Und es ist kein Zufall, daß in diesen Ländern Mittel- oder Osteuropas die Menschen nicht nur nicht in solchen Massen ihren Glauben verloren haben wie die Bürger der sogenannten Wohlstandsgesellschaften, wo zwar der Rahmen und die Riten des Glaubens heil geblieben sind und jeder sich zum Gegenstand seines Glaubens wählen kann, was er eben will, wo die Abwendung aber trotzdem massenhaft vollzogen wird und Gott gründlich tot ist; und auch das ist interessant, auf welche Art dieser komplexe Gott zum Gott der Freiheit oder geradewegs der nationalen Unabhängigkeit geworden ist. Einerseits hat er einen politischen Gehalt bekommen, andererseits wird sein Fehlen durch die täglichen Genüsse und die kleinen Freiheiten des Alltags ersetzt. Und ich habe deshalb von einer List der Situation gesprochen, weil jetzt, da die sich kommunistisch oder sozialistisch nennenden Systeme zusammenbrechen, die Menschen dort, die nun nicht über die für die Demokratie erforderlichen Lebenstechniken verfügen, Menschen gegenüberstehen, die ausschließlich über Lebenstechniken verfügen und weder vom Hörensagen noch emblematisch höhere Ziele kennen, mit denen sie die Richtung ihres eigenen Fortschreitens bezeichnen könnten. Soll man einem Menschen folgen, der selbst nicht weiß, wohin er gehen soll? Schließlich bestand ja hierin gerade unsere Lebenstechnik oder die Technik des Überlebens, daß man das jeden Augenblick zu fragen hatte. Und so vermag ich dann auch die Technik des demokratischen Zusammenlebens nur als Mittel anzusehen, mit dem ein seit Jahrtausenden verfolgtes metaphysisches Ziel erreicht werden soll. Darauf kann ich auf keinen Fall verzichten, allein deswegen, weil in meiner jahrzehntelangen Hoffnungslosigkeit die einzige Hoffnung war, daß ein solches höheres Ziel eben doch existiert. Darauf kann ich nicht verzichten, weil auch die Kommunisten erreichen wollten, daß ich darauf verzichte. Nun aber soll ich es durch das Ministerium für kleine Alltagsfreiheiten und Genüsse ersetzen, und tue ich das nicht, dann werden wieder irgendwelche unterentwickelten Wesen mich einstufen und als ungeeignet für ein solch hochentwickeltes Leben deklarieren. Obgleich ich dessen Werte allein schon deshalb brauche, weil auch ich mittlerweile meinen alleinigen Gott zum Gott der Freiheit oder Unabhängigkeit degradiert habe. Deshalb ist auch den Polen ihr Papst nicht genug, sie möchten vielmehr auch sämtliche glitzernden kleinen Maschinen haben, die erreichbar sind. Aber ich kann auch auf die große Einswerdung nicht verzichten, ich will ficken. Doch scheint mir eher, als wären in diesen großen westlichen Demokratien fortwährend ausgewogene und sehr schöne Vorbereitungen zu einem solchen großen Fick im Gang, als hätte man im Lauf dieser Vorbereitungen jedoch vergessen, was das für eine Sache ist und daß sie keine Alternative hat. Ich würde nicht behaupten, daß die Leute impotent sind, ist ihr Leben doch bis in Tiefen erotisiert, die wir wiederum nicht kennen können. Sie bringen täglich Haufen von erotischen Dingen und Phänomenen hervor, schönen, perfekten und verlockenden, aber es ist, als seien in diesen Dingen Tausende von weiteren, ebenfalls greifbaren Dingen verborgen und sich aus so vielen dann wirklich keins mehr auswählen ließe.

Wir haben nicht vergessen, was ficken bedeutet. Wir sind auch nicht impotent, sondern beschäftigen uns emsig mit dem Bett. Wir wagen aber nicht, in dieses Bett zu steigen, weil wir befürchten, daß wir, wenn es zum Ficken kommt, statt jene kleine Blondine zu haben, selbst von einem großen schwarzen Hund gefickt werden. Das ist das demokratische Liebesleben. So verzichten wir dann auf das Ficken. Schließlich hat man ja Angst vor solchen großen schwarzen Hunden.

Aber woher kommen diese schwarzen Hunde?

Diese schwarzen Hunde schleichen sich früher oder später in jede menschliche Gesellschaft ein.

Na ja. Wenn du die Demokratie so darstellst, wie du das tust, dann mußt du auch solche zwangsläufig in Erscheinung tretenden Lebenstechniken akzeptieren, welche die westliche Demokratie als zwei extreme Möglichkeiten ihrer eigenen Entwicklung ansieht: Kommunismus und Faschismus, und letzten Endes als Herausforderungen des Lebens auffaßt.

Es ist etwas sehr Typisches, daß das demokratische Denken Begriffe wie das Gute und das Böse eher als etwas Abstraktes denn als etwas Konkretes auffassen, auch wenn es direkt damit konfrontiert wird. Schau dir an, wie Chamberlain nach Deutschland fährt, um mit Hitler zu sprechen! Die Demokratie ist langsam. Sie ist auf einer mühsamen Methode aufgebaut, es dauert lange, alle anzuhören, statt in ihrem Namen gleich etwas zu beschließen. Im Treffen dieser beiden Herren ist alles drin: Die alte hierarchische Welt ist präsent, wenn auch in Form eines Dämons, und auf der anderen Seite gibt es die pragmatische, demokratische Welt, allerdings in Person eines Zauderers. Sehr beispielhaft, was sich abspielt! Denn das Stück Papier, mit dem Chamberlain nach Hause fährt im Glauben, der Frieden sei damit gerettet, bedeutet für Hitler wahrhaftig nichts; für Mephisto hat ein Dokument nur Bedeutung, wenn es mit Blut statt Tinte unterschrieben ist. Und dennoch sind die Engländer, trotz ihrer ganzen Toleranz und Demokratie, schließlich als die ersten darauf gekommen, daß sie den Kampf aufnehmen mußten. Also doch Blut, aber auf dem Schlachtfeld.

Weil ihre Sache sonst verloren gewesen wäre.

Und in diesem Sinn hat sich ihre Demokratie über einen Leichenberg...

...gerettet und legitimiert.

Ja.

Und doch muß ich fragen, warum ist das, was geschehen ist, so geschehen und warum nicht anders? Weshalb bedurfte es so vieler Leichen zur Legitimation, weshalb waren nicht auch weniger genug? Vor einigen Jahren sind gerade englische Historiker zu der Feststellung gekommen, daß es unrichtig wäre, den Hitlerismus zu dämonisieren. Wenn ich nämlich den Hitlerismus als die Verkörperung des Bösen darstelle, wie wir das unmittelbar nach dem Zweiten Weltkrieg denn auch getan haben, dann verdecken wir vor uns selbst jene sich im Hitlerismus manifestierenden Ideen, die eigentlich in der Tiefe der europäischen Geschichte verborgen sind. Wenn wir sie aber heute vergessen, dann werden wir ihrer auch morgen nicht gewahr. Alles, was du gesagt hast, weist auf eine parallele Möglichkeit hin. Die unglückliche Geschichte des Sozialismus, die Scheußlichkeiten des Stalinismus sind in der europäischen Geschichte wahrscheinlich genauso tief verwurzelt. Was zu einem guten Teil von der westlichen Auffassung heute genauso verdeckt wird, wie es die Dämonisierung tat, die wir so fleißig betrieben. Denn die Demokratie hat ja Wohlstand und Gleichgewichte geschaffen, und sie läßt sich nicht gern an die Zeiten erinnern, als sie selbst so etwas noch nicht besaß.

Wenn wir die demokratisch-kybernetische Gesellschaft im Westen als die einigermaßen harmonische Fortsetzung der Industriegesellschaft betrachten, als ein unsere moderne Zeit bestimmendes Paradigma, nach dem wir also streben müssen, auch wenn es unser Herz gar nicht recht will, dann scheint mir, daß der Hitlerismus und der Stalinismus zwei Bewegungen waren, die dieser Entwicklung entgegengesetzt sind. Der Hitlerismus hat mit dem Modernen kokettiert, aber seinem Wesen nach baute er auf das Traditionelle. Für mich ist der Hitlerismus eine fundamentalistische Bewegung. Er beruft sich auf diverse Wurzeln, wird von Angst vor dem Unbekannten getrieben und möchte sich als Feind des Modernismus mit der angeblichen Geborgenheit, ja, Idylle des vorindustriellen Lebens identifizieren. Das Vorbild ist natürlich in der europäischen Tradition verborgen, denn auf welche andere Tradition hätte man sonst zurückgreifen können?

Tradition ist nie eine eindeutige Sache. Und ich bin gerade neugierig zu wissen, welche Bewegung worauf zurückgreift.

Auf eine Art romantischer Tradition. Auf jene schreckliche europäische Tradition, wonach wir einander aufgrund von Unterschieden in Glauben und politischer Auffassung umbringen müssen; der Antisemitismus ist ja ebenfalls eine glorreiche europäische Tradition; Blut und Boden und Industriefeindlichkeit nicht weniger. Und so weiter.

Aber der Hitlerismus hat doch ziemlich gute Voraussetzungen für eine hochorganisierte Industriegesellschaft geschaffen. Und er hat sie auch organisiert.

Der Hitlerismus?

Ja.

Wieso meinst du?

Denk an das Autobahnnetz, an die Wasserstoffbombe, an die Unterseeboote. Oder denk an all die fliegenden Dinge; ohne die damals entstandene Grundlage wären die Techniker der Demokratien gar nicht erst in diese Richtung aufgebrochen. Alles, was damals im Rahmen einer kapital- und industriefeindlichen völkischen Ideologie begründet wurde, brauchte nach dem Krieg bloß weiterentwickelt zu werden.

Dieses oder jenes hat wohl sogar der Hitlerismus hervorgebracht, vielleicht sogar etwas mehr als der Stalinismus, obwohl man in diesem Zusammenhang nicht unbedingt das Unterseeboot erwähnen müßte. Ich glaube, es könnte mit dem nur schwach entwickelten Totalitarismus zusammenhängen. Denn der Hitlerismus war ja im Vergleich zum Stalinismus nicht totalitär; es wurde nicht alles von einer Zentrale aus gelenkt, vor allem die Wirtschaft nicht. Für die private Initiative waren die Möglichkeiten lange ziemlich günstig; das änderte sich nur mit dem Krieg. Der Stalinismus aber ist totalitär, hier wird jede private Initiative unterdrückt und kriminalisiert und infolgedessen nichts produziert. Die gewaltige Produktion existiert nur in der Propaganda, und um die materielle Not zu kaschieren, wird die Gesellschaft zu ständigen Manifestationen gezwungen; man lebt in einem Zustand von Mobilmachung, von fortwährender Anspannung. Im Stalinismus, scheint mir, hat man eigentlich Trotzkis These von der permanenten Revolution übernommen, und im Hitlerismus spielte letzten Endes der Krieg dieselbe Rolle. Diese künstlich erzogene Exaltation, in Massen aufmarschierende Menschen, das ist nur da, um von der Tatsache abzulenken, daß sich hier praktisch nichts rührt, nichts bewegt. Alles steht still. Die Gesellschaft bewegt sich nicht; sie wird mit der Peitsche gejagt, vegetiert oder wird vernichtet. Aber von Bewegung oder Entwicklung können wir nicht sprechen, und vielleicht ist es eines der rätselhaftesten Paradoxe unserer Zeit, daß dieser real existierende Sozialismus, der sich selbst fortwährend mit rauchenden Fabrikschloten, aufwärtsstrebenden Statistikkurven und Heerscharen über die Felder ziehender Mähmaschinen darzustellen beliebt, dennoch nichts produziert hat. Aber wirklich nichts! Außer dem Elend, das er der Bevölkerung anbietet, und der Macht, die er den Machthabern gibt.

Das versteht sich, klar.

Ich denke, vielleicht im Gegensatz zu dir, daß der Hitlerismus und der Stalinismus die materielle Entwicklung sehr erfolgreich verhindert haben, obwohl nicht mit Absicht, denn eben diese Behinderung birgt in sich den Untergang. Hitlerismus und Stalinismus sind für mich Bewegungen, die, gerade weil sie sich, ihrer inneren Natur entsprechend, mit dem Guten und dem Bösen beschäftigt haben und deshalb an Gott und das Herz wandten, die demokratisch-kybernetische Gesellschaft aufgehalten haben.

An welchen Gott sollten sie sich gewandt haben?

An Stalin.

Und an welches Herz?

An das gemeinsam schlagende Herz der Nation.

Das es nicht gibt.

Selbstverständlich nicht.

Dann ist es eine um so mehr gewagte Behauptung, diese Bewegungen gerade mit Gott oder dem Herzen in Verbindung zu bringen. Doch wenn du damit meinst, daß man im Zweiten Weltkrieg jedenfalls die früheren Vorstellungen von Gott und dem Herzen aufgeben mußte, dann bin ich mit dir einverstanden. Andererseits scheinen mir Hitlerismus und Stalinismus eben die beiden Extreme des von dir so genannten kybernetischen Entwicklungsprinzips zu sein. Um dieses zu verwirklichen, mußte man zuerst seine beiden Extreme ausprobieren. Man mußte ausprobieren, was das ist, was nicht geht.

Das glaube ich nicht.

Wenn ich die Beteiligung an öffentlichen Angelegenheiten nicht als Privileg einer kleinen Gruppe von Leuten ansehe, dann ergeben sich notwendigerweise diese zwei Extreme. In beiden Fällen ging es bei der Probe darum, ob man eine funktionsfähige Massengesellschaft schaffen kann. Und wenn ja, wie soll dann die Technik ihres Funktionierens sein, welche Organisationsprinzipien sind notwendig, und müssen sich diese Organisationsprinzipien mit den Ideologien, seien es nationale oder übernationale, oder mit den persönlichsten Entscheidungen der Individuen verbinden. Im Augenblick scheint sich die Frage darauf zu beziehen, wie die Gefahren auszuschalten sind, die diese Extreme bedeuten, und sich dennoch die massenorganisatorischen Methoden und Techniken anwenden lassen, die eben auch die zerstörerischen und prägnanten Charakteristika dieser Extreme bildeten. Denn im Gegensatz zu dir glaube ich nicht, daß die europäische Kultur ohne die Extreme von Stalinismus und Hitlerismus auf die gleiche materielle oder zivilisatorische Ebene gelangt wäre wie mit ihnen. Die Methode nämlich, mit der die entwickelten europäischen Länder, oder auch die unentwickelten, bis zum Zweiten Weltkrieg ihre eigenen sozialen Probleme zu lösen suchten, war wirklich nicht befriedigend. Die Experimente des Hitlerismus und des Stalinismus richteten sich darauf, diese als anders unlösbar erscheinenden Probleme auf ideologischer Basis zu lösen. Die sogenannten Wohlstandsgesellschaften konnten nur mit der Liquidierung jenes Debakelhaufens entstehen, den das Experiment der beiden Extreme hinterlassen hatte.

Auch das glaube ich wiederum nicht.

Sie mußten ein soziales Gleichgewicht schaffen, das die Ideologie und das Prinzip einander unter- oder übergeordneter Völker und Klassen verwirft, aber die Idee dieser Experimente übernimmt, wonach die Menschen in Massengesellschaften organisierbar sind. Eine solche Idee war zuvor überhaupt nicht aufgetaucht, war doch die Beteiligung an öffentlichen Angelegenheiten ein Privileg, und diese liberale Demokratien genannten Gesellschaften waren sozial dementsprechend gegliedert. In meinen Augen jedoch ist es nahezu egal, ob ein nach kleingewerblichen Methoden organisiertes Spionagenetz Daten über mich sammelt oder ein den Parteiinteressen untergeordneter computerisierter Apparat. Vor dem Zweiten Weltkrieg wäre ein Registrierungsbestreben solchen Ausmaßes, wie es heute zum Wesen unserer Massengesellschaften gehört, noch undenkbar gewesen. Hättest du in guter Gesellschaft gesagt, die Daten der Bürger müßten aufgezeichnet werden, müßten numeriert werden, und danach sollte im wesentlichen dem Zufall überlassen bleiben, wer wann und wie über diese Daten verfügt, dann hätte wohl keiner deinen Einfall für akzeptabel gehalten, er wäre als Hirngespinst abgetan und du als geisteskrank betrachtet worden. Und wie ich es auch drehe und wende, in meinen Augen ist eine solche Idee, diese weltumfassende Registriermanie mit allen ihren Einrichtungen und Methoden, nichts anderes als das geistige Erbe dieser grundlegend menschenfeindlichen Systeme, oder zumindest eine Methode, die als Folge des gegen sie geführten Kampfes sich in die Demokratien hinübergerettet hat. Wenn ich jedem die Möglichkeit, täglich Bananen zu essen, sichern will, dann sind solche Systeme sicher notwendig, und doch sind sie nicht zu akzeptieren. So wie auch dein Großvater es nicht akzeptierte, sich um einen Paß bemühen zu müssen, weil er gewöhnt war, es für unnötig und auch unschicklich zu halten, fremde Personen in seine Reisepläne einzuweihen. Du hast einmal erzählt, daß er nach dem Krieg nicht mit euch nach England reiste, weil er nicht willens war, sich einen Paß zu besorgen.

Ja, mein Großvater konnte das offensichtlich noch tun, sobald er auf die Straße hinaustrat, mußte er den Hut einmal nach links, einmal nach rechts zum Gruß lüften, denn er war ja tatsächlich mit jedem bekannt. Es war eine kleine Welt; keine anonyme Behörde brauchte sich für ihn verbürgen, eben das hat er ja nach dem Krieg abgelehnt; als Zumutung abgelehnt. Aber heute kennt keiner mehr den anderen. Ohne Pässe und Zahlen ginge es einfach nicht mehr. Die Leute vermehren sich halt, und zwar ohne um Erlaubnis dafür zu bitten. Doch wenn dem so ist, dann müssen sich die Gesellschaften auf neue Art und Weise organisieren und sich, wenn man es vom Aristokratischen oder vom Individuellen unaufhaltsam in Richtung Masse orientieren. Ich könnte nicht behaupten, daß ich darüber staune.

Nicht das ist mein Problem. Vielleicht habe ich mich nicht verständlich ausgedrückt, oder du hast mein Problem nicht richtig verstanden. Ich akzeptiere nicht, auch wenn ich dies als Realität einsehe, daß es so ist. Und wenn es so ist, dann ist es meine Aufgabe, zumindest zu wissen, auf welche Art es so geworden ist. Davon spreche ich. Denn wenn ich nicht weiß, woher das Ganze kommt und auf welche Art es so geworden ist, dann habe ich die traditionelle Frage ausgeschaltet, ob es das Werk der Vorsehung oder eben das Werk des Bösen ist. Ich weiß nicht, was ich davon halten soll. Ich weiß nicht, ob ich es gut oder schlecht nennen soll. Wenn ich nicht auf diese uralten Fragen zurückgreife, dann verliere ich mein Gleichgewicht. Dann ist nur, was ist. Ich weiß zwar nicht, was ist, aber ich werde es die beste aller Welten nennen oder eben, im Gegenteil, die schlechteste aller Welten. Und vor beiden Möglichkeiten würde ich mich fürchten. Weil ich dann von meiner eigenen Geschichte nichts mehr verstehe und auch von meiner eigenen Kultur dann keine blasse Ahnung mehr habe. Dann kann ich Hitler ohne weiteres mit dem Bösen identifizieren, er ist der Ober-Böse, dann kommt Himmler, ein geringerer Böser, Goebbels und Speer, die ebenfalls böse sind, aber nicht so wie der Ober-Böse, bis ich in dieser Hierarchie schließlich zu mir selbst komme, von dem ich behaupte, daß ich überhaupt nicht mehr so sehr böse bin, sondern ausgesprochen gut. Und so entsteht diese falsche, diese zerstörerische Hierarchie. Und das gleiche mit Stalin, dem Teufel persönlich; dann kommen seine teuflischen Helfer, die von der Bosheit des Teufels abhängen und deshalb Bosheiten begehen, dann jene, die aus Angst oder Feigheit oder Interesse der Versammlung der Bösen nachgeben und selbst zu Bosheiten gezwungen sind, während sie natürlich das Gute wollen, bis dann an der Spitze dieser moralischen Hierarchie die Unbefleckten in Glanz erstrahlen. Wenn ich über die Herkunft dieser in der europäischen Geschichte wurzelnden Extreme keine Angaben und Begriffe habe, dann nützen mir auch diese säuberlich aufgestellten moralischen Skalen nichts. Wie konnte es geschehen, daß die Engländer oder die Franzosen Hitler beinahe zehn Jahre lang akzeptierten? Sie konnten doch sehen, daß er nicht salonfähig war, warum verhalfen sie ihm trotzdem zur Macht? Oder das gleiche später, noch primitiver ausgedrückt: Die englische Königin konnte sehr wohl sehen, daß Frau Ceauçescu nicht eben zu den hoffähigen Persönlichkeiten gehört, warum lud sie sie trotzdem zum Dinner, warum ließ sie anständig auftischen?

Vielleicht, um ein Beispiel zu geben.

Bestimmt ließ sie ihr etwas ganz Feines kochen. Und wenn ich nicht weiß, warum das so sein mußte, dann kann ich auch nicht viel darüber sagen, wie schlecht oder böse ich selber bin.

Das darfst du aber, wenn du willst.

Es interessiert mich nicht so sehr vom politischen Gesichtspunkt als vom Gesichtspunkt meiner eigenen Existenz. Oder es interessiert mich, welche Relationen zwischen politischen und geistigen

Bewegungen entstehen. Ich weiß, die Dinge sind, wie sie sind, aber ich bin auf ihren Zusammenhang und ihren Ursprung neugierig, und deshalb stelle ich diese klassischen Fragen. Was ist gut, was ist schlecht?

Das Gute und das Böse? Was ist gut, was ist schlecht? Ich glaube, es ist ein charakteristischer Zug unserer Zeit, daß sie sich für solche Fragen kaum interessiert, daß wir nicht länger mit Hilfe solcher Wörter die Welt betrachten. Dennoch meine ich, es ist vielleicht doch nicht zu bedauern, daß diese Fragestellung auf der gesellschaftlichen Ebene keinen allzu wichtigen Platz einnimmt. Statt nach dem Guten oder dem Bösen zu fragen, würde mich mehr interes-sieren, wie wir in diese Situation geraten sind. Und ich kann dir gleich eine Vermutung von mehreren verraten: dadurch, daß sich unsere Gesellschaft mittels eines hemmungslosen Materialismus zusammenhält und bewegt; und in Anbetracht der Alternative ist das gar nicht so schlecht.

Nur, was gibt mir dann Halt? Aber ich will es nicht so hochfliegend formulieren. Woran oder an wen soll ich mich halten, wenn mich diese zu besitzenden Dinge nun einmal so wenig interessieren? Was muß ich ablehnen, und was müßte ich annehmen? Darauf bin ich nicht einfach so ganz allgemein neugierig, sondern die Frage taucht bei mir täglich im Zusammenhang mit tausenderlei Sachen auf. Und ich werde auch unvermeidlich neugierig, wie andere darauf antworten. Wie machen sie es? Wie machst du es? Du zum Beispiel bist seit Jahrzehnten unterwegs. Einmal sprichst du tschechisch, einmal französisch, einmal deutsch, und täglich schreibst du schwedisch. Du stürzt dich in das fremde Element und hältst dich doch täglich mit deiner Muttersprache an der Oberfläche. Sollte die Muttersprache jene Kultur mit sich tragen, mit der man sich von allem anderen abgrenzt? Sollte sie eine ebenso wichtige Rolle spielen wie der Charakter? Das habe ich dich schon oft gefragt. Einmal habe ich dich und Susanne sogar gefragt, welche Sprache ihr zusammen sprecht. Darauf seid ihr beide aufgefahren und habt fast gleichzeitig und ziemlich beleidigt geantwortet, daß ihr natürlich, wie denn sonst, schwedisch sprecht.

Nicht so sehr beleidigt, sondern wir staunten eher über die Frage.

Ihr stauntet, ja.

Als würdest du annehmen, daß wir untereinander eine andere Sprache hätten sprechen können.

Aber ein bißchen beleidigt wart ihr auch. Als würde ich euch mit dieser Annahme für fähig halten, euch so künstlich zu benehmen. Depperte Aristokraten sprechen in fremden Sprachen miteinander. Als würde ich sagen, ihr hättet keine Haltung. Denn es war in der Tat seltsam, daß ihr vor mir immer deutsch spracht, auch dann, wenn ihr unter euch ein paar notwendige Worte wechseltet. Das aber war für mich, als könnte ich nie sehen, wie ihr in Wirklichkeit seid. Und erst viel später begannt ihr, schwedisch zu sprechen, als wir auf solche Höflichkeitsgesten nicht mehr angewiesen waren. Das aber war das schöne Spiel des menschlichen Vertrauens. Als nicht mehr zu befürchten war, daß ihr mir mit den in eurer Sprache gewechselten Worten in den Rücken fallt.

Mit sicher unwichtigen Worten.

Wichtig oder unwichtig, es kam auf das gleiche heraus. Die Geste selbst war das Interessante. Die fremde Sprache gehörte zur Höflichkeit, die Muttersprache zur Vertrautheit, und die Änderung qualifizierte unsere Beziehung. Und das war auch meine Frage, als du und Halina zusammenkamt: In welcher Sprache werdet ihr sprechen? Wer von euch gibt seine Positionen auf und übernimmt die des anderen? Damit ist gefragt, wer wen in seiner Echtheit sehen kann. Denn wenn zwei Menschen eine fremde Sprache sprechen, dann ist das etwas Gemachtes, unabhängig von der Ebene, auf der sie es machen. Oder hätte auch das in dieser Sprachen und Kulturen überbrückenden kybernetischen Welt nun keine so große Bedeutung mehr? Und die Frage tauchte noch reizvoller und komischer vor mir auf, als ich in Kopenhagen bei Vibeke von Sperling in der Wohnung herumsaß und plötzlich unerwartet ihr, Halina und du, auftauchtet. Wäre ich nicht dort gewesen, hätte Vibeke dänisch gesprochen und ihr schwedisch, da Halina damals bereits schwedisch gelernt hatte. Aber ihr nahmt Rücksicht auf mich, und so sprachen dann ein Däne, eine Polin, ein Schwede und ein Ungar deutsch miteinander. Es war ein seltsamer Anblick, daß nun auf einmal keiner eine Muttersprache hatte. Und wenn dieser, die Kulturen überspannende, weltweite Verkehr sich wirklich einen Weg gebahnt hat, dann ist schier unvorstellbar, daß das nicht auch auf die einzelnen Sprachen irgendwie eine relativierende Wirkung hat. Das beschäftigte mich so, daß ich auf das Gespräch kaum achtgab. Ich gab eher darauf acht, ob in eurer Art zu sprechen etwas Gezwungenes wäre, aber es war nichts dergleichen zu spüren. Ich horchte erst auf, als ihr davon zu sprechen anfingt, ob die Wohnungspreise in Schweden oder in Dänemark niedriger seien.

Das war für uns ein sehr interessantes Thema.

Gerade das Thema verschärfte meine Aufmerksamkeit. Und meine Frage. Du sagtest so etwas wie: du könntest dir in Stockholm überhaupt keine Wohnung von einem Niveau leisten, wie sie Vibeke gekauft oder gemietet hatte. Und deshalb könntest du gar nicht nach Stockholm zurückkehren. Als fändest du damit einen neuerlichen Vorwand, aus diesem die Kulturen überspannenden Leben nie mehr nach Hause zurückkehren zu müssen.

Meine ganze Existenz ist darauf begründet, daß ich mich mit einer Welt beschäftige, die nicht die meine ist, auch wenn sie mir sehr nahesteht. Und doch ist es nicht möglich, daß sie zu meiner Welt würde, weil diese meine Welt schon vorhanden ist, wenn auch an einem anderen Ort als ich selbst bin. Die Voraussetzung dieser meiner Existenz ist die Sprache, und zwar meine Muttersprache. Gäbe es diese Nabelschnur nicht, die konkret bedeutet, daß ich nicht von zu Hause abgeschnitten bin, dann würde ich wie ein Tier verrecken. Diese Aussage mag übertrieben klingen, und doch muß ich sagen, daß mich vor den Gefahren der Emigration in Anführungszeichen – das Privileg gerettet hat, daß ich bei meiner Tätigkeit täglich meine Sprache brauchen konnte, meine Muttersprache, auch wenn ich nicht zu Hause war. Das hat mich vor der Nostalgie und dem Kitsch des Exils gerettet, die mit der Wirklichkeit nichts zu tun haben.

Ist es so, daß die Sprache auch die Kultur bedeutet, das ist meine Frage.

Die Sprache bedeutet auch Kultur. Wo würde Sprache nicht Kultur bedeuten?

Ich frage auch nur, um darin von dir bestätigt zu werden. Denn ich empfand deine vorausgegangenen Erörterungen deshalb als ein wenig sentimental, etwas masochistisch, weil es schien, als zähltest du dabei nicht mit, in welcher Weise deine eigene Sprache ins Gewicht fällt. Doch möchte ich auch noch andere Gewichte erwähnen. Ich möchte eine gewichtige Verteidigungsrede halten. Es stimmt zwar, ich sitze hier auf meinem Hintern, mache kaum einen Schritt aus meiner Sprachumgebung hinaus, und es ist möglich, daß diese vom Zwang bestimmte Entscheidung wirklich nichts von Leichtsinn an sich hat, auch wenn das genausogut Mangel an Leichtigkeit bedeutet, eine Art übertriebenen Ernst oder eben ernstes Gehabe, das ist mein Problem. Und es kann sogar sein, daß Leichtsinn in irgendeiner Form eine Rolle bei deiner Entscheidung gespielt hat oder zumindest die Motivation eine Art leichtsinnige Nuancierung hatte, aber es hatte doch mindestens ein ebenso großes Gewicht, daß du auf etwas anderes oder andere neugierig warst und dich dein Interesse zu der Entscheidung geführt hat, dein Leben lieber nicht ortsgebunden zu verbringen. Für mich war immer das wichtiger, die Neugier, das Interesse, die Offenheit, und ich habe es immer als eine recht ungewöhnliche Begabung betrachtet. Und in meiner Situation, oder in unserer Situation, also in der unabänderlich scheinenden Situation, in der wir lebten, hatte das Interesse eines in einer anderen Situation lebenden Menschen sehr großes Gewicht. Das Interesse gehört zur Berufspflicht des Journalisten. Doch bei dir ging es weit darüber hinaus. Seit Anfang der siebziger Jahre betrachtete auch ich es als eine moralische Verpflichtung oder, um ein dir teures Wort zu gebrauchen: fühlte ich es als Verantwortung, diese ahnungslosen westlichen Journalisten darüber zu informieren, was hier vor sich ging. Das fiel in die Zeit, als Ungarn anfing, einen guten Ruf in der westlichen Presse zu haben. Daß dieses Kádár-System doch etwas erreicht habe. Um die Wendung jenes unangenehmen Scherzes zu gebrauchen, es war doch die fröhlichste Baracke im Lager. Wir begannen, die Revolution zu vergessen, während die Journalisten sich zu vergessen bemühten, daß sie Kádár noch vor einigen Jahren Mörder genannt hatten. So waren alle darauf aus, möglichst alles hübsch zu vergessen und nicht zu sehen, was trotzdem zu sehen war. Mir halfen diese Gespräche dabei, mich selbst zu erinnern. Nach einiger Zeit kam ich dann allerdings zu der Überzeugung, daß ich das umsonst machte, da alles, was ich sagte, auf taube Ohren stieß. Obgleich ich in diesen Journalistenkreisen richtiggehend in Mode kam, denn sie nutzten den Umstand, daß ich weder dahin noch dorthin gehörte. Sie standen dagegen entweder mit der Opposition oder mit den Offiziellen in Kontakt.

Dazwischen konnten sie eine Synthese nicht herstellen.

Ja. Sie mußten auch die für Meinungsvielfalt erforderliche Kontrollfunktion schaffen.

Du diktiertest ihnen die Synthese.

Ich diktierte die Synthese nicht, sondern ich entdeckte etwas in diesen Gesprächen, das mir wichtig war. Ich kam zu der Einsicht, daß man auch inmitten von Umständen totalitären Anstrichs pluralistisch denken oder zumindest danach streben kann, und so führte mich dann dieses Bestreben zu einer Art Vermittlerrolle. Aber wie gesagt, nach einiger Zeit, nach zwei oder drei oder vier Jahren, als es nichts anderes mehr war als ein bloßes Spiel mit den Denksystemen der beiden Welten, gab ich dann diese Rolle doch auf. Ich mußte einsehen, daß diese Leute herkommen und etwas hören wollen, das sie zuvor schon irgendwo gelesen oder eben für sich schon entschieden hatten. Sie sind richtiggehend auf der Jagd nach Fakten und sind dann doch auch durch Fakten nicht zu beeinflussen.

Weil sie nicht auf diese Fakten, sondern auf jene Fakten neugierig sind.

Sie sind auf die Fakten neugierig, die sie in ihren Köpfen mitgebracht haben. Sie spielen ein Spiel, das schon im voraus entschieden ist. Ich hingegen möchte ein anderes Spiel spielen. Möglich, daß ich unrecht habe, und alles, was ich sage, trifft weit daneben, aber du kannst dich ja erinnern, auf welche Art ich herumspielte. Auch dich versuchte ich zu beeinflussen, hin und wieder mit Erfolg. Wie eine Gebetsmühle wiederholte ich die Siebenbürgen-Angelegenheit, während ich die westliche Presse beschimpfte, daß sie Ceauçescu so feiere. Möglich, daß ich da eine Karikatur entwerfe. Aber ich habe wirklich informierte Leute getroffen, die tatsächlich wußten, was los war, und dennoch taub blieben oder taub sein wollten. Ich setze das Bekenntnis von vorgestern fort. Du warst der einzige, wo ich auf jemanden traf... in anderem Zusammenhang hast du selbst einmal darüber gesprochen. Jemand, der beinahe so empfindet, wie ein Mensch hier empfindet. Der ein Gespür dafür hat, was man hier spürt. Im Lauf unserer langen Bekanntschaft bin ich nur ein einziges Mal Zeuge gewesen, daß dir die Geduld ausging und du die Grenzen deines Wissens und deiner Empfindungen überschreiten wolltest. Jetzt muß ich deinen Ausdruck brauchen: daß der Westmensch über deine Empfindungen und dein Wissen Oberhand gewann. Jene zerbrechliche Überzeugung, daß du doch frei seist. Im Foyer des Theaters von Sepsiszentgyörgy, als du Edgár Balogh erkanntest und ihn ansprechen wolltest. Du wußtest, daß man uns beobachtete, du wußtest, daß es für ihn unangenehm sein könnte, aber du konntest die Spannung unserer Untätigkeit nicht länger ertragen. Es konnte ihm nicht gelegen sein, in der Öffentlichkeit mit uns zu sprechen. Und als ich dich an der Jacke packte, um dich zurückzuhalten, war in deinen Augen nicht nur Wut, sondern auch Haß. Vielleicht übertreibe ich auch, doch in diesen Jahren machte das für mich Politik und Geschichte aus, daß es einen einzigen Menschen gab, dessen Publikationen ich zwar nicht lesen konnte, von dem ich aber mit Sicherheit wußte, daß er in dieser totalen geistigen Abgeschlossenheit, in dieser Totenstille die Rolle des Vermittlers übernahm. Und all das muß ich als Gegengewicht gegen deinen Masochismus setzen. Möglich, daß du als Niederlage erlebt hast, was du machtest, ich aber muß davon sprechen, welche Bedeutung es für mich gehabt hat. Als ich bei manchen Leuten, gemeinsamen Bekannten, erwähnte, daß du nach Paris gingst, wurde die Stimmung wie bei einem Begräbnis. So, wie wenn wir jemanden verlieren und merken, daß wir ihn nicht kannten. Und wir blieben mit unserem Problem zurück, das also die Grenzen der Gefühle nicht zu überschreiten sind und daß nun auch keine Gelegenheit mehr da wäre, zu experimentieren. Warum gingst du nach Paris? Ich frage es, eifersüchtig, von neuem. Und warum bist du aus Paris zurückgekommen?

Nun ja. Warum ging ich auch weg? Zum Teil aus banalen Gründen. Erst später aber stellte es sich heraus, daß sie banal waren, und das trug dazu bei, daß ich zurückkam. Bei der Zeitung hatte ich sehr lange immer das gleiche getan. Ich tat es zwar freiwillig, aus eignem Entschluß, und mußte mir doch überlegen, daß es vielleicht nichts schaden würde, mal etwas anderes zu sehen oder zu tun, bevor man stirbt. Das war eine der banalen Überlegungen, menschlich dennoch verständlich. Andererseits war ich zu einem Punkt gelangt, und darauf hattest gerade du mich aufmerksam gemacht, daß das Faß voll war und nichts mehr aufnehmen konnte. Ich hatte genug von dieser Welt hier, und nicht nur im psychischen Sinn des Wortes, sondern auch im rein physischen Sinn konnte ich nichts mehr ertragen. Der Körper schmerzte, er wollte sich nicht mehr bewegen. Diesen Zustand habe ich, teilweise wohl zu Recht, mit Osteuropa in Verbindung gebracht, wenn das auch nur teilweise berechtigt war, weil ich im Grunde genommen eher mit den Zwängen meines Berufs Probleme hatte. Es würde zu weit führen, jetzt über den Journalismus zu sprechen; nur kurz: Irgendwo zugegen zu sein, ohne zugegen zu sein, das war mein Problem, und das möge hier jetzt genügen. Für den ständigen Beobachter nehmen letzten Endes die Eindrücke so sehr überhand, daß es für einen einzelnen Menschen zuviel wird. Das hat zu meinem Entschluß geführt. Du hast damals diesen Schleier über meinen Augen gut beobachtet... ich wollte nichts mehr sehen, nichts mehr hören. Von einem kleinen Lächeln begleitet, von dem ich natürlich hoffte, es sähe weise aus, tat ich nur so, als paßte ich auf. Aber ich paßte nicht auf, ich glotzte, sah aber nichts. Wieder wollte ich mich retten. Und als ich glaubte, durch einen Ortswechsel dieses Gefühl aus mir austreiben zu können, da stellte sich heraus, daß meine Berechnung kläglich danebenging. Eine kleine Portion Snobismus spielte wohl auch mit; ich hätte gerne mit dem Französischen kokettiert, mir auch gern ein bißchen was auf dieses Paris eingebildet, obwohl ich mir so etwas kaum eingestanden haben dürfte, doch es spielte sicher mit; und so war meine Niederlage schon vorbereitet. Zudem hatte die Sache noch eine andere wichtige Dimension, und das ist vielleicht das Entscheidende. Ich hatte den Eindruck, mit allergrößter Anstrengung in die Nähe einer Grenze gelangen zu können, so daß ich nur noch die Hände ausstrecken brauchte, um jemand zu berühren oder zu umarmen, doch die Grenze blieb. Und ich war doch schon so nahe daran! Diese Nähe war zuerst tragend, dann fing sie an, Schmerzen zu bereiten. Die Hoffnungslosigkeit dieser Situation, oder die Traurigkeit, die mich angesichts dieser Hoffnungslosigkeit ergriff, deprimierte mich einfach. Sie deprimierte mich so sehr, daß ich nur noch etwas Unanständiges in dieser Situation sehen konnte. Kannst du das verstehen? Ich tat etwas Unanständiges: Diese Nähe, die keine ist, war eine Zumutung.

Ja, das kann ich sehr gut verstehen, denn zur gleichen Zeit wie du hatte auch ich diesen Eindruck. Jetzt aber weiß ich auch, daß wir es mit gleichen Worten artikulieren. Oder mit sehr ähnlichen.

Über Jahre, Jahrzehnte, habe ich ein falsches Spiel gespielt. Ich habe immer gehofft, mein Leben doch nicht angepaßt an eine auf Irrationalität, Unverstand und Sinnlosigkeit gegründete Gesellschaft verleben zu müssen. Wenn ich mein Leben aber doch in einer solchen Gesellschaft beschließen muß, dann werden jene Bemühungen, mich ihr entgegenzustellen, gleichfalls eine Form der Anpassung darstellen. Allenfalls kann ich sagen, daß ich die allgemeine Sinnlosigkeit mit einer spezifischen Sinnlosigkeit beantwortet und mich so dem Ganzen dieser allgemeinen Sinnlosigkeit angepaßt habe. Ich habe mir hübsch meinen Teil herausgenommen. Und dieses Wissen deprimierte mich so sehr, daß ich gar nicht mehr so fröhlich in meiner Depression schwelgte, wie es die Menschen hierzulande tun. Die Depression ist vernunftlos und bewahrt meine Person so vor jener allgemeinen und alles auffressenden Sinnlosigkeit. Doch als ich mich dieser schützenden Depression nicht mehr überlassen konnte, da artikulierte ich es mit dem gleichen Satz: In dieser Weise ist es unverantwortlich und unernst; wenn ich dieses unernste Spiel weiterspiele, dann werde ich zynisch, und es ist aus mit mir. Das alles geschah ungefähr zu der Zeit, als Gorbatschow auftauchte. Und wenn sein Auftauchen gewiß auch das Bild veränderte, so änderte es doch nicht viel an meiner Situation.

Nein, daran änderte es gewiß nichts. Auch ich vermochte nicht mehr Hoffnung zu haben als früher. Und in diesem Sinn hatte das Auftauchen Gorbatschows keinen Einfluß auf meine Entscheidung, aus Paris nach Wien zurückzukehren.

Du bist viel früher zurückgekommen.

Eigentlich nicht, nein.

Etwas früher?

Ich habe das Auftauchen Gorbatschows in Paris erlebt.

Ich kann mir vorstellen, was das bedeutete.

Kannst du dir mich als Pariser Korrespondenten vorstellen? Ich stand früh auf, um die französischen Zeitungen zu kaufen. Dann saß ich in meinem Pariser Café; also kein mitteleuropäisches

Kaffeehaus, es gibt dort keine Zeitungen, die mußt du selbst mitbringen, dafür aber fürchterliche Flipperapparate, diese Spielautomaten, vor denen die Leute stehen, um auf irgend etwas herumzudrücken – und das ist an sich schon ein Greuel. Ich aß mein Kipfelchen und trank den *café au lait.* Alles ist so eng in einem solchen Pariser Café... Doch dort, in diesem Café saß ich und bereitete mich vor, eventuell etwas über Frankreich zu schreiben, und dabei las ich zuerst die Nachrichten aus dem Osten. Ich ertappte mich selbst: Was Gorbatschow tat, sogar Schiwkow, interessierte mich mehr als Chiracs oder Mitterrands Pläne für Frankreich. Dann habe ich eingesehen, daß es so nicht weiterging. Doch das Wichtigste war für mich nicht einmal das! Ich mußte einsehen, daß die Leute, die paar wenigen, die in meinem Leben wirklich etwas bedeuten, mit denen ich gesegnet bin, dort im Osten waren. Und wozu ist mein Leben da, wenn nicht, um mit ihnen zusammen zu sein? Aus welchem Grund habe ich sie verlassen? Soll ich jetzt versuchen, neue Freundschaften zu knüpfen, und gelegentlich einmal im Jahr nach Budapest, Warschau oder Prag reisen, um mit meinen alten Freunden ein paar Worte zu wechseln? Nein. Das wollte ich nicht, zum ersten hatte ich keine Kraft mehr, zum zweiten keine Lust. Du und ein paar andere Leute, ihr alle wart dort. Warum dieses Frankreich, wenn ich doch eine echte Aufgabe hatte, nämlich darüber zu schreiben, was sich im Osten abspielt oder nicht abspielt. Natürlich interessiert es mich nicht mehr auf die Art wie früher; jetzt bezieht sich mein Interesse eher auf die Aura der paar Leute, die ich in mein Herz geschlossen habe. Kannst du das verstehen? Diese meine Arbeit interessiert mich nur noch insofern, als sie sich mit eurer Aura beschäftigen kann, mit eurer Erscheinung, mit dem, was zu euch gehört. Sehr grob ausgedrückt: Ungarn als solches interessiert mich, weil Péter hier lebt. Wenn ich mich so ausdrücken darf.

Und würdest du noch immer sagen, daß es ein theoretisches Interesse war, das dich bewogen hat, Schweden zu verlassen?

Was heißt theoretisches Interesse?

Das, wovon du am ersten Tag gesprochen hast. Die andere Seite kennenlernen.

Die Neugier, die andere Seite am eigenen Leib zu erfahren. Wenn man jung ist, dann hält man sich nicht nur zu allem fähig, sondern meint auch, man könne Erfahrungen machen, die man eigentlich nicht machen kann, weil es nicht zu teilende Erfahrungen sind. Die Neugier aber – und sie ist nicht theoretisch, sie hat Fleisch – hat mich über die Grenze geführt, auf die andere Seite dieser zwei Welten, was ich damals beinahe als etwas Verbotenes empfand, und das interessierte mich. Und noch bevor ich die Zeichen hätte deuten können, die die Zerrissenheit dieser zwei enthüllen, habe ich geahnt, daß hier das, was eigentlich zusammengehört, nicht mehr so einfach zusammenzufügen war. Doch die Neugier, diese Grenze zu überschreiten, zu einem Grenzgänger zu werden, dort hinüberzugehen und vielleicht mit etwas zurückzukommen, war sehr stark.

Ich habe das nur gefragt, weil deine Geschichte vom Pariser Café so vieles beleuchtet hat. Wie ein kleines Kind, das etwas Böses tut. Statt die gewiß sehr interessanten Nachrichten aus der französischen Innenpolitik zu studieren, liest du lieber die Nachrichten aus Osteuropa und Rußland. Da ist das Lehrbuch auf dem Tisch, doch du gibst deiner Neugier nach und liest unter dem Tisch ein anderes Buch. Was schon auf eine Art theoretischen Interesses schließen läßt. Würdest du bei alldem sagen, daß jene dir bekannten und nahestehenden Menschen die Theorie von den zwei Welten bestärkt und untermauert haben, dein diesbezügliches theoretisches Interesse oder deine Neugier, oder ist es vielleicht gerade umgekehrt, daß diese Menschen deiner Neugier und deinem Interesse mittlerweile eine Form gegeben haben, die dann all die Theorien in den Hintergrund gedrängt hat?

Vielleicht klingt es zu einfach, aber soll es so klingen: Diese paar Menschen, von denen ich spreche, und es sind nicht mehr als vier oder fünf, stellen das in den Schatten, was du Theorie nennen würdest. Für mich sind sie wichtiger; und sie sind es, die helfen, mein sogenanntes theoretisches Interesse einigermaßen am Leben zu erhalten, weil das Theoretische mich im Grunde nicht sehr interessiert. So ist das. Mich interessiert nicht, was hier geschieht, sondern umgekehrt interessiert mich, was der eine oder andere macht, wenn etwas geschieht oder wenn gerade nichts geschieht. Aber weil wir hier gerade von Menschen sprechen, möchte ich etwas anderes in bezug auf mein Weggehen, diese meine «Emigration» sagen. Um die Jahrhundertwende gab es einen schwedischen Dichter, Verner von Heidenstam, der lange Zeit im Ausland verbrachte. Da ist ein sehr berühmtes Gedicht von ihm, in dem er von der Sehnsucht spricht.

Wo hat er gelebt?

Im märchenhaften Orient.

Und warum war er emigriert?

So wie das bei den Schweden üblich ist, freiwillig. Er reiste in diesen nahöstlichen Gegenden herum und schrieb dort ein Gedicht darüber, wie sehr er sich nach Schweden sehnt. In diesem Gedicht kommen keine Menschen vor; er schreibt von Steinen. Seine Sehnsucht bezieht sich auf Steine, und auch mit mir ist etwas Ähnliches geschehen. Ich sehne mich nach einer Stadt, nach Stockholm, der Stadt meiner Jugend, nach der einzigen Stadt der Welt, die ich die meine nennen kann. Ich sehne mich nach vertrauten Perspektiven und Winkeln, nach einem Licht auf den Dächern, das heimatlich ist. Nach Wasser, nach Bäumen, die noch immer dort stehen, wo sie in meiner Kindheit standen. Ich sehne mich ganz einfach nach den Steinen dieser Stadt, weil meine Erlebnisse an diesen Steinen haften. Als ich jünger war, empfand ich dieses Gedicht als oberflächlich, ja, unheimlich. Wie kann man sich nach Steinen sehnen? Sehnt man sich nicht nur nach Menschen, immer wieder nach Menschen? So glaubte ich; jetzt aber hat sich auch meine Sehnsucht den Steinen zugewandt. Es läßt sich nicht recht erklären, warum.

Hast du diese Eigenart des Gedichts selbst entdeckt, oder ist es ein literaturhistorischer Gemeinplatz, daß das Gedicht so ist und keine Menschen darin vorkommen?

Ich weiß es nicht. Bestimmt hat sich jemand auch schon mit dieser Eigenart beschäftigt.

Also zitierst du nicht irgendeine literaturhistorische Banalität, wenn du sagst, nicht von Menschen, sondern von Steinen und von Kieseln und Farben...

Nein, ich glaube nicht. Das Gedicht wird eher als die lebendige Illustration der Sehnsucht aufgefaßt. Ich weiß es aber nicht so genau, ich kenne die Sekundärliteratur nicht.

Und wann bist du darauf gestoßen?

Seltsam, aber noch in Schweden, vor meinem Weggang. Ich hielt dieses Gedicht für primitiv, für kitschig. Denn was soll das? Wenn man sich sehnt, dann bezieht sich die Sehnsucht auf einen anderen Menschen, ganz besonders in einer so extremen Lage, wenn man fern von zu Hause ist. Jetzt aber sehe ich es anders. Was mir auch ein bißchen angst macht.

Und so stimmt also, was du zu Vibeke gesagt hast? Daß du nicht nach Hause gingest, weil du keine anständige Wohnung fändest?

Das war eher eine ökonomische Überlegung. Wahr ist, daß ich es ohne große Opfer nicht tun könnte; in Stockholm wäre ich gezwungen, in wirklich bescheidenen Verhältnissen zu wohnen. Aber nicht das ist das Entscheidende, und eines schönen Tages wird mich auch das nicht von der Rückkehr abhalten. Ich habe bloß festgestellt, daß meine ökonomischen Möglichkeiten, solange ich dort lebte, anders waren als heute. Und wenn wir schon bei den Steinen sind, dann habe ich einfach nicht genug Geld, in jenes Quartier Stockholms zurückzukehren, in dem ich früher zu Hause war und wo die Ziegelsteine der Häuser rotbraun sind, ein herbstliches Rot. Das geht nicht. Ganz einfach, weil ich nicht so viel Geld habe.

Dann hast du die Familie noch tiefer sinken lassen.

Auch so könnte man es auffassen. Aber du scheinst mir jetzt schon ein bißchen müde.

Es ist, als seien wir an einen Punkt gelangt, wo es nicht weitergeht. Oder ich bin wirklich müde geworden. Das heißt, ich habe mir schon gestern abend den Kopf zerbrochen, warum mich diese Gespräche so erschöpfen. So etwas habe ich noch nie empfunden. Eher das Gegenteil. Allerdings pflegen wir uns nicht vor dem Tonband zu unterhalten. Wenn keine Zeugen da sind, ist die Neugier, meine Wißbegierde stärker. Gefragt werden und Fragen stellen, erklären und Erklärungen anhören. Sonst entsteht in mir nach einem Gespräch eher das Gefühl, wir hätten uns für nichts wirklich Zeit gelassen. Jetzt schlägt diese Gier irgendwie um. Schon gestern mußte ich darüber nachdenken, was mich wohl so erschöpft hat.

Daß wir zu dritt sind.

Doch es ist so, als seien wir nicht nur zu dritt. Als würden wir damit experimentieren, unsere Vorstellungen in ein System zu fassen oder uns gerade zu der Einsicht zu bringen, daß unsere Vorstellungen kein System haben. Wir sind bemüht, etwas festzuhalten, was vielleicht sehr schwer festzuhalten ist. Als würden wir etwas hinterherjagen. Möglich, daß wir etwas festhalten möchten, das nicht existiert. Schon gestern kam mir der Gedanke, daß wir hinter einem Unterschied her sind, den es nicht gibt. Zwischen uns beiden gibt es so viele Unterschiede, wie sie sich eben zwischen zwei Menschen ergeben. Und so jagen wir vielleicht einem Schein hinterher? Hinter etwas, das aufgrund der politischen und ideologischen Zerrissenheit den Schein des Unterschieds erweckt, sobald du diesen Schein aber benennen willst, stellt sich heraus, daß dahinter kein Unterschied ist? Das ist die eine Frage. Doch habe ich noch eine andere Frage, im Gegensinn. Wenn zwischen uns nicht nur ein Unterschied besteht, wie er sich eben aus der Beschaffenheit zweier Menschen ergibt, sondern wenn es darüber hinaus noch so einen speziellen Unterschied gibt, dann sollten wir wenigstens diese beiden voneinander trennen können. Und wenn das gelingen könnte, dann sähen wir nicht nur klar, welche Unterschiede zwei Persönlichkeiten, welche faßbaren Unterschiede zwei Nationen trennen, sondern es würde mit dem Überschreiten dieser Grenzen ersichtlich, welche Unterschiede sich aus der Teilung Europas ergeben haben. Und wenn jene speziellen Unterschiede, hinter denen wir in diesem Gespräch her sind oder die wir auf dem Band festzuhalten suchen, überhaupt existieren, dann, so muß man bedenken, werden sie von den politischen Veränderungen ganz einfach zum Verschwinden gebracht werden, und damit wäre unser ganzes Experiment nichts als eine Geste an die Geschichte. Dann und dann grübelten zwei Menschen gemeinsam über einen Unterschied, einen Haufen von Problemen, die sie, wie Figura zeigt, beschäftigten, die aber heute keine Aktualität mehr haben. Als wir gestern abend unser Gespräch beendeten und beide erschöpft abzogen, da hatte ich den Eindruck, als suchten zwei sterbende Urwesen ihr Lager auf. Was meinst du dazu?

Daß die Unterschiede zwischen uns nur Schein wären? Dann wohl ein ziemlich starker Schein, ab und zu wirklich blendend. Aber verstehe mich bitte recht: Wenn ich von Ost- und Westmenschen rede, dann ist das keine Bewertung, kein Urteil über angebliche Qualitäten oder Mängel, sondern mein Versuch, Unterschiede aufzuspüren, die im breitesten Sinne des Wortes aus der Geschichte herrühren. Geste an die Geschichte, sagst du. Na und? Im tiefsten Menschlichen trennt uns nichts, glaube ich. Dagegen sind jene Unterschiede, die sich in unseren jeweiligen Zivilisationsreflexen offenbaren...

Zivilisation oder Kultur?

Wenn ich von Zivilisation spreche, dann ist es wieder einmal polemisch gemeint, als Provokation aufzufassen. Ich habe lange genug in Prag gelebt, um zu wissen, daß dort dieselbe Zivilisation wie in London oder Wien herrscht, das zivilisatorisch Fremde ist nur als Tönung vorhanden, als Tropfen einer anderen Flüssigkeit in diesem europäischen Wasser. Dennoch färben sie stark ab, und die Proportionen zwischen dem europäischen Wasser und der fremden Flüssigkeit sind in Banja Luka oder Cluj, ja, sogar in

Łodz, etwas beunruhigend. Das weißt du ja auch. Wir haben also durchaus Grund, über diese Unterschiede zu staunen und zu diskutieren. Wenn wir aber auf diesen Unterschieden beharren, sie möglicherweise als das sogenannte Menschliche auffassen, dann ist keine Hoffnung mehr; dann verlieren wir gerade das aus den Augen, was uns verbindet.

Jetzt hast du auf die Frage geantwortet, worauf man zurückgreifen sollte. Meine Frage war jedoch eher, wonach man greifen sollte. Denn wenn du sagst, das sogenannte Menschliche ist es nicht, was uns trennen könnte, dann setze ich dazu, daß es eben das Menschliche ist, das uns am tiefsten trennt. Wir sind verschieden in unserer Beschaffenheit, und gerade deswegen kann ich die Bestimmung der Unterschiede nicht auf die politische Dimension beschränken. Ja aber, was ist es dann, das ich als einen nicht meiner Beschaffenheit zuzuweisenden und auch nicht als politischen Unterschied spüre? Wo, wodurch oder worin kann ich ihn bestimmen?

Mit der Geschichte, die viel mehr und vielschichtiger ist als ein politisches System. Denn nachträglich ist es ja klar, daß der Stalinismus, der real existierende Sozialismus, sozusagen bloß *post festum* den Abgrund vertieft hat, der die beiden Hälften Europas schon immer voneinander trennte. Er hat den alten Unterschieden nur eine Art Transzendenz angeboten, und sie erscheinen in den Gesten, von denen wir gestern oder auch vorgestern sprachen, die man Mentalität oder vielleicht Verhaltensweisen nennen könnte. Die Tatsache, daß Halina unfähig ist, gleichzeitig ein Ei und Teewasser zu kochen, hat nichts mit dem real existierenden polnischen Sozialismus zu tun. Der real existierende Sozialismus hat sie nur daran gehindert, diese Unfähigkeit loszuwerden, doch nicht die reale Existenz des Sozialismus hat diese Unfähigkeit hervorgerufen. Die Unfähigkeit sitzt viel tiefer.

Es scheint, daß wir auch diese Frage nicht lösen können. Denn es kann sein, daß es sich so verhält. Doch für den Fall, daß es sich wirklich so verhält, hast du die kybernetische Mentalität als die höhere Stufe der Entwicklung bezeichnet, und dann bleibt mir nichts andres übrig, als dieses Entwicklungsprinzip zu akzeptieren. Ich finde mich wie im Mittelalter sogleich in der Schar der Gläubigen wieder. Ich werde an die Entwicklung glauben und werde so diese höhere Stufe selbstverständlich erreichen wollen. Ich müßte an Gott denken, denke aber an Menschen.

Nein. Das würde ich nicht so sagen.

Ich würde es auch nicht sagen, ich sage es nur, weil ich nicht weiß, was ich denken soll. Wenn man etwas erobern will, verliert man etwas anderes. Was gewinnt man, und was verliert man? Diese Frage stellt sich doch auf jeden Fall und führt zu der klassischen Frage zurück, was ist für mich gut, was ist für mich schlecht. Aber es scheint, wir können nicht aufhören.

So, wie du mir vorkommst, wäre es Zeit dafür.

Höchste Zeit.

Wollen wir also sagen, wir sind am Ende?

Ja, sagen wir es so.

Zu den Autoren

PÉTER NÁDAS wurde 1942 in Budapest geboren. «Meine jüdische Abstammung und die spätere Taufe, meine eigenartige soziale Herkunft – mütterlicherseits aus einer armen Arbeiterfamilie, väterlicherseits aus einer wohlhabenden Bürgerfamilie – sorgten für die Widersprüchlichkeit meiner Erfahrungen», schreibt er in einer Lebensskizze. Er verlor beide Eltern, als er halbwüchsig war, besuchte kurze Zeit eine Fachschule für Chemie, machte dann eine Fotolehre und arbeitete einige Jahre als Fotoreporter für eine große Illustrierte, später als Journalist bei einer Provinzzeitung. 1967 veröffentlichte er seinen ersten Band mit Erzählungen. Ein Jahr später, nach dem Einmarsch der Warschauer-Pakt-Truppen in die Tschechoslowakei, gab er seine journalistische Tätigkeit auf. Ein zweiter Band mit Erzählungen erschien 1969; danach erhielt Nádas Schreibverbot. Erst 1977 konnte das Buch erscheinen, das ihn auch außerhalb Ungarns als einen der wichtigsten Schriftsteller seines Landes bekannt machte und das er bereits 1972 abgeschlossen hatte: *Ende eines Familienromans* (dt. zuerst 1979, 1993 in neuer Übersetzung bei rororo). 1981 war Nádas ein Jahr als Gast des Künstlerprogramms des DAAD in Westberlin. Nach seiner Rückkehr nach Budapest veröffentlichte er 1982 einen Band mit Theaterstücken und 1983 einen Band mit Kritiken und Essays zum Theater. 1986 folgte schließlich sein opus magnum, das *Buch der Erinnerung*, an dem der Autor elf Jahre lang gearbeitet hatte. «Ein Meilenstein der ungarischen und wahrscheinlich auch der europäischen Prosa», urteilte die ‹Neue Zürcher Zeitung›. 1991, nach dem Erscheinen der deutschen Ausgabe, erhielt Péter Nádas den Großen österreichischen Staatspreis für europäische Literatur, im folgenden Jahr in Ungarn den Kossuth-Preis, die höchste Auszeichnung seines Landes für Kunst und Literatur.

Nádas ist verheiratet und lebt als freier Autor in Budapest und in Gombosszeg, einem Dorf im Südwesten Ungarns. 1994 erscheint beim Rowohlt · Berlin Verlag sein Essay *Von der himmlischen und der irdischen Liebe* (Budapest 1991). Deutsche Ausgaben seines «Jahrbuchs» (Budapest 1989) und einer Erzählungsauswahl sind in Vorbereitung.

RICHARD SWARTZ wurde 1945 in Stockholm geboren und absolvierte dort nach Abschluß des Gymnasiums die Handelshochschule, widmete sich daneben dem Studium der Geschichte und Slawistik an der Universität. Als Austauschstudent in Prag 1970–72 verfaßte er eine Dissertation über Versuche in Osteuropa, sozialistische Planwirtschaft und Marktmechanismus zu vereinigen. Nach der Rückkehr nach Stockholm war er als freiberuflicher Journalist mit Schwerpunkt Osteuropa tätig, vor allem für die große konservative Tageszeitung *Svenska Dagbladet.* Seit 1976 ist er fester Korrespondent für Osteuropa von *Svenska Dagbladet* mit Sitz in Wien; unterbrochen wurde diese Tätigkeit nur durch einen einjährigen Aufenthalt in Paris Mitte der achtziger Jahre.

Als Korrespondent hat Richard Swartz die wichtigsten Ereignisse der letzten zwei Jahrzehnte in Mittelosteuropa aus nächster Nähe miterlebt, von der sogenannten Normalisierungspolitik in der Tschechoslowakei über die Solidarność-Bewegung in Polen bis zu den ‹Revolutionen› Ende der achtziger Jahre, die zum Zusammenbruch des Realsozialismus führten. Mit seinen Berichten und Analysen zählte er schon bald zu den wichtigsten Stimmen zu Osteuropa; Beiträge von ihm erschienen auch in anderen europäischen Zeitungen und Zeitschriften, viele seiner Artikel wurden in der gesamten osteuropäischen Samisdat-Presse nachgedruckt, er selbst von verschiedenen sozialistischen Staaten von Zeit zu Zeit zur persona non grata erklärt. Mehrfach erhielt er journalistische Auszeichnungen für seine Arbeit.

Swartz lebt in Wien und ist mit der kroatischen Schriftstellerin Slavenka Drakulić verheiratet.